名人故里

陶宁 编著

课本里的中国

童趣出版有限公司编 人民邮电出版社出版
北京

图书在版编目（ＣＩＰ）数据

课本里的中国. 名人故里 / 陶宁编著 ; 童趣出版有
限公司编. -- 北京 : 人民邮电出版社，2023.5
ISBN 978-7-115-60518-4

Ⅰ．①课… Ⅱ．①陶… ②童… Ⅲ．①中国－概
况－少儿读物②名人－故居－中国－少儿读物 Ⅳ．①K92-
49②K878.2-49

中国版本图书馆CIP数据核字 (2022) 第243270号

编　　著: 陶　宁
策划编辑: 许　璇
责任编辑: 徐　妍
执行编辑: 王雨曦
责任印制: 李晓敏
封面设计: 冯伟佳
排版制作: 李昕冉

编　　: 童趣出版有限公司
出　版: 人民邮电出版社
地　址: 北京市丰台区成寿寺路 11 号邮电出版大厦（100164）
网　址: www.childrenfun.com.cn

读者热线: 010-81054177　　经销电话: 010-81054120

印　刷: 河北京平诚乾印刷有限公司
开　本: 787×1092　1/16
印　张: 6
字　数: 111 千字

版　次: 2023 年 5 月第 1 版　2023 年 5 月第 1 次印刷
书　号: ISBN 978-7-115-60518-4
定　价: 39.80 元

　　语文课本是孩子培养审美、开阔眼界的重要渠道，包罗万象的课文是孩子了解世界的重要途径。秀美的山水、宏伟的建筑，以及那些遥远又亲切的文化名城、历史名人，会随着文字在孩子心中激起涟漪，引发遐思。读着课本里的中国故事，了解中国的历史，领略中国的文化，是每一个中国孩子成长的必由之路。

　　《课本里的中国》把一粒粒散落在语文课本中的"珍珠"串联起来，由点到面，由近及远，串联起一座座城市的今天与昨天；串联起一方方山水的沧桑与辉煌；串联起一座座建筑的历史文化；串联起一个个名人的人生足迹。

　　从这套书中，我们可以窥见历史的更迭交替，梳理文化的发展脉络，感受文人墨客的精神风骨，了解独具特色的风土人情。

　　当然，这套书的意义还远不止于此。

　　这套书让孩子既"读"又"行"，且"行"且"思"，走进课本，再从课本中走出来，踏遍中华大地，看高山流水，赏城市之光，在名人故里中寻找前人的生活智慧，在巍巍古建中体味中华民族的伟大与光荣。

读万卷书，行万里路，思千古事。"读""行""思"的结合，会让孩子变得视野开阔、内心丰盈。

《课本里的中国》如同在孩子的阅读与生活中架起一座桥梁，通过这套书，孩子的阅读体验会变得更加丰厚、充实，旅行的步伐也会变得更加清晰、坚定。因此，这套书可以是：

一本本语文课本的拓展读物；

一幅幅身临其境的旅行地图；

一次次脚踏实地的探索之旅；

一场场充满遐想的梦幻游历；

……

我们期待的最美好的阅读状态是家长和孩子，或者孩子和老师一起走在中国的大地上，怀着了解历史文化的欣喜，带着探寻与发现的新奇，实地实景讲述中国故事，身临其境感受中华文明，触摸历史，憧憬未来，让陈列在广阔大地上的遗产"活"起来，让"课本里的中国"真正走进孩子的内心。

全国小语会理事 特级教师

李学红

济南 43

济南地处华北平原的东南部，是山东省省会。说起济南的风物，排在第一的就是泉。

凤凰 53

在湖南省湘西土家族苗族自治州西南部，有这样一座小城：石头砌成的圆城，熙熙攘攘的苗寨，"细脚伶仃"的吊脚楼，古朴的石板街……它就是文学家沈从文的故乡——凤凰。

高邮 63

在中华大地上，仍有一个地方，因被悉心恢复着、保护着的邮驿遗迹，因著名作家汪曾祺先生而光辉不减。这个地方，就是素有"东方邮都"之称的江苏高邮。

呼兰 71

呼兰因呼兰河得名，却因为一个人和一本书而天下闻名。这个人就是萧红，这本书就是《呼兰河传》。

黄冈 79

黄冈这座城市，有一颗最耀眼的星星，就是"药圣"李时珍。黄冈，也因为李时珍，拥有了"药圣故里"的美誉。

曲阜

课本里的曲阜

《孔子拜师》孟令永 李顺强

孔子年轻的时候，就已经是远近闻名的老师了。他总觉得自己的知识还不够渊博，三十岁的时候，他离开家乡曲阜，去洛阳拜大思想家老子为师。

…………

从此，孔子每天不离老师左右，随时请教。老子也把自己的学问毫无保留地传授给他。

人们佩服孔子和老子的学问，也敬重他们的品行。

——三年级上册

相关名家名篇

司马迁《史记·孔子世家》

张九龄《奉和圣制经孔子旧宅》

李白《鲁郡东石门送杜二甫》（石门：山名，位于今曲阜城东北。）

杜甫《刘九法曹郑瑕丘石门宴集》

上榜理由：圣人之乡

在我国山东省的西南部，有一座小城，它东、南、北三面环山，西边是广阔的平原，面积只有800多平方千米，这座小城就是曲阜。虽然是山东省最小的县级市，曲阜却拥有显赫的名声。作为中国古代的"至圣先师"孔子的故乡，2000多年来，曲阜一直享有"圣人之乡"的美誉。

很多人都认为，曲阜因孔子而闻名，其实这只是原因之一。曲阜的历史，远比我们想象的更加灿烂辉煌。

曲阜三面环山，上百座高低起伏的山丘绵延在曲阜城北、东、南三面，西边则是辽阔肥沃的平原。从上空俯视整座城市的地形，东北高，西南低。曲阜境内，泗河、沂河蜿蜒曲折，随着地势自东向西，润泽着这片土地。因此，自古以来，在曲阜就流传着这样一句话："圣人门前水倒流，富贵荣华无尽头。"

大约五六千年以前，华夏民族的祖先就在曲阜这个地方繁衍生息。相传，黄帝、炎帝都曾经在曲阜生活过。后来，黄帝的长子少昊在曲阜营建都城，因此在古时候，曲阜也被称为"少昊之墟"。至今，在曲阜还保存着少昊的陵墓。

少昊陵

● **传说时期** ·············· **商朝** ·············· **西周** ··············

公元前1046年，武王伐纣，灭掉了商，随后开始分封诸侯。他把自己的弟弟周公旦封到了曲阜，建立鲁国，曲阜成了鲁国的都城。

商朝时期，曲阜成为当时商朝的重要组成部分——奄国的都城。直到第20位商王盘庚时，才把都城迁到了殷（今河南省安阳市）。

周公旦

公元前551年，孔子出生在曲阜。成年后，他在这里开坛讲学，创立儒家学说，为此后2000多年的中国文化深深地打上了儒学烙印。曲阜也因此成为当时有名的教育中心。

孔子

随着秦始皇建立大一统的王朝，曲阜渐渐沉寂下来。直到公元前154年，汉景帝又把自己的儿子淮阳王刘余封为鲁王，以曲阜作为鲁国国都。

虽然我们一直在说"曲阜"，但实际上，在此之前，这个地方的名字一直是"鲁"或者"鲁县"。

春秋时期 · · · · · · · · · · · · · · · · · · 秦汉 · · · · · · · · · · · · 隋唐 · · · · ▶

隋开皇四年（584年），隋文帝下诏改"鲁县"为"汶阳"，从此，"鲁县"这个名字消失在了历史长河里。开皇十六年（596年），隋文帝再次下诏改"汶阳"为"曲阜"。"曲阜"这个名字终于出现了，并一直沿用到今天。

曲阜城一角

历史记载，鲁城中有阜，也就是有很多小土山，这些小土山蜿蜒曲折七八里长，所以被称为"曲阜"。

说起孔子，你了解多少？

孔子是我国历史上著名的思想家、政治家、教育家，儒家学派的创始人，被后人尊称为"至圣先师""万世师表"……但你知道这些称呼和说法是怎么来的吗？孔子还有其他哪些称呼以及我们不知道的事情呢？

办"私立学校"第一人

孔子的先祖是东周时期的贵族。孔子3岁的时候，父亲去世，家境衰落。所以年轻的时候，孔子做过一些在那个年代被认为很"卑贱"的事情：当过吹鼓手，做过管牛羊的乘田吏和记账的委吏。

孔子讲学

从20多岁开始，孔子就立志要进入仕途，为国分忧，但一直没有成功。30岁时，孔子开始聚众讲学，宣扬自己的思想和学问。

孔子办学很有特色。首先，规模庞大，人称"弟子三千"。其次，孔子招录学生不分尊卑、贵贱，不分地域，不分年龄，任何人只要想学都可以来学习。最后，"流动办学"，自己走到哪里，学校就办到哪里。

武学奇才

我们现在看到的孔子形象，大多是一个长满胡子的老者，还微微弯着腰。但你知道吗？史料记载，孔子可是一个"武学奇才"。

《史记》记载"孔子长九尺有六寸"，按现在的标准，孔子的身高稳稳超过一米九。不但如此，他还天生神力，可以"举国门之关"，徒手推开重达数百斤的城门。

这还不算，作为正宗的"君子六艺"传播者，孔子本身就以精通六艺闻名天下：他射箭，能百步穿杨；他驾车，技术也十分精湛。

孔子射箭

六艺指古代君子需掌握的六门技艺，包括：礼、乐、射、御、书、数。礼指礼节，乐指音乐，射指射箭，御指驾车，书指文字读写，数指算数。

音乐全才

没错，孔子还是一位"音乐全才"，不但会唱歌、弹琴，还会击磬（古时一种石制的打击乐器）、作曲。据说，他为《诗经》作乐时，能够和着伴奏，唱完305首不同时代、不同地域、不同风格的歌曲。

孔子不但自己唱，还邀请别人一起唱。"子与人歌而善，必使反之，而后和之。"大意就是要是那人比他唱得好，他就一定请那人再唱一遍，然后自己再跟着唱。

孔子弹琴

"千年礼乐归东鲁，万古衣冠拜素王。"虽然曲阜有着悠久的历史，但真正让它享誉全球的，还是孔子。至今，我们在曲阜依然能找到很多和孔子相关的历史痕迹。

孔庙大成殿

孔庙

孔庙又称至圣庙，是纪念孔子的祠庙。孔庙的历史可以追溯到孔子逝世的第二年。孔庙是由孔子的故居改建而成的，里面收藏着孔子生前用过的很多旧物。

公元前195年，汉高祖刘邦经过曲阜，专程去祭奠孔子，开创了帝王祭祀孔子的先例。153年，东汉桓帝下诏重修孔庙，并立碑为记。从那以后，历朝历代都会对孔庙进行扩建和重修。

现在的孔庙占地约9.6万平方米，前后共九进院落。前三进为引导性庭院，从第四进庭院起建筑增多，第六进以后分为三路布局：中路包括大成门、杏坛、大成殿、寝殿、圣迹殿等，是祭祀孔子以及先儒、先贤的场所；东路为崇圣门、诗礼堂、故井、鲁壁、崇圣祠、家庙等，是祭祀孔子祖先的地方；西路为启圣门、金丝堂、启圣王殿、寝殿等，是祭祀孔子父母的地方。

孔庙诗礼堂后面有一堵孤立的墙壁。相传秦始皇焚书坑儒时，孔子的九世孙孔鲋把《尚书》《论语》等竹简藏在墙里。到了汉朝，鲁恭王为扩建宫室，在拆除原孔子故宅时，发现了这些宝贵的文献。为了纪念这件事，后人特意重修了这堵墙，并命名为"鲁壁"。

孔府

孔府

孔府，又称衍圣公府，是孔子的嫡系后代居住的府邸。和孔庙一样，孔府也经过了数次重修和扩建。现在的孔府分为两部分，前面是官衙，后面是内宅，包括厅、堂、楼、轩等一共463间房屋，是中国古代一座典型的衙宅合一的建筑。

孔林

孔林也称至圣林，是埋葬孔子及其子孙后代的家族墓地，因周围种植了2万多株参天古木而得名。

从公元前479年孔子去世至今，孔林中已经埋葬了孔子后裔10万余人。孔林沿用时间之久、墓地数量之多，在全世界都是史无前例的。

孔子的墓地位于孔林中间，墓高5米，墓前的石碑上刻着明朝书法家黄养正书写的"大成至圣文宣王墓"几个大字。

孔林

人们把孔庙、孔府和孔林，统称为"三孔"。千百年来，三孔已经成为中国历代先贤哲人、文人墨客、儒学大家甚至普通百姓纪念孔子、朝拜孔子的圣地。

《史记》记载，孔子父母"祷于尼丘而得孔子"，尼丘就是尼山，尼山作为孔子的诞生地而闻名遐迩。

尼山圣境

"三千弟子标青史，万代先生号素王。"相传孔子有弟子三千，其中功成名就的有72人，号称"七十二贤"，包括我们熟悉的颜回、冉有、曾参、公冶长等。不过，曲阜的名人可不止孔子和他的弟子们。

柳下惠——春秋时期思想家、教育家。传说，"柳"这个姓氏就是从柳下惠这儿来的，因此他也被认为是"柳"姓的始祖。

鲁班——传说中的木匠祖师爷，姓公输，名般，因为是鲁国人，所以被称为鲁班（"般"和"班"同音，古时通用）。

左丘明——春秋末期史学家，《左传》和《国语》的作者。

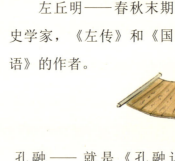

孔融——就是《孔融让梨》中的那个孔融，东汉时期文学家，"建安七子"之一。

孔尚任——清初著名戏曲家，其历史剧《桃花扇》代表了中国古代历史剧作的最高成就。

你还知道哪些曲阜名人？告诉我们吧。

洛阳

课本里的洛阳

《次北固山下》唐·王湾

客路青山外，行舟绿水前。潮平两岸阔，风正一帆悬。

海日生残夜，江春入旧年。乡书何处达？归雁洛阳边。

——七年级上册

《春夜洛城闻笛》唐·李白

谁家玉笛暗飞声，散入春风满洛城。

此夜曲中闻折柳，何人不起故园情。

——七年级下册

相关名家名篇

白居易《酬南洛阳早春见赠》　　韦庄《菩萨蛮·洛阳城里春光好》

司马光《过故洛阳城》　　欧阳修《洛阳牡丹记》

老舍《白马寺》

上榜理由：华夏神都　牡丹之城

洛阳，黄河流域一颗璀璨的明珠。

这里是华夏文明的重要组成部分——二里头文化的诞生地，是隋唐大运河的中心，是白居易走遍千山万水却一定要终老于此的地方，也是洛阳人刘禹锡笔下"唯有牡丹真国色，花开时节动京城"的"牡丹之城"。

漫长的中国历史中，曾经有13个王朝、105位帝王在以洛阳为中心的河洛地区建都。洛阳是我国建都最早、历经朝代最多的城市。

相传大禹治水的时候，把天下分为九州，而洛阳就位于九州腹地、天下之中。

洛阳的北边是巍巍的邙山，南边是长约250千米的伏牛山，西边是素有"天下九塞"之称的崤山和函谷关，东边则是中岳嵩山。这些山地峡谷，就像一道道天然的军事壁垒，把洛阳城围在其中。再加上四周的虎牢关、伊阙关、孟津关等重要关隘，控制了南来北往的交通要道，易守难攻，这让洛阳在古代成为国都的首选之地。

但光有这些还不够。作为一国都城，想要吸引更多的人，一定要有足够的水源。在这方面，洛阳也是得天独厚。洛河、伊河、瀍河、涧河、黄河蜿蜒流淌，形成"五水绕洛城"的格局。

《史记·周本纪》记载，周公旦曾经审视全国地脉，定洛邑为"天下之中，四方入贡道里均"。

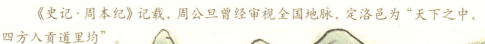

龙门石窟是世界上造像最多、规模最大的石刻艺术宝库，它始凿于北魏孝文帝年间，盛于唐，终于清末，营造时间长达1400余年。

王城公园是我国第一座遗址公园，因修建在东周王城遗址上而得名。

这样优越的地理环境，使得洛阳既具备了中原大地的敦厚磅礴，又兼顾了江南水乡的妩媚风流，赢得了"山河拱戴，形势甲于天下"的美名。

也正因如此，我们的祖先早早就"相中"了这块宝地。从洛阳偃师开始，沿着洛河两岸向西，不足100千米的范围内，从东到西分布着偃师商城遗址、二里头遗址、东周王城遗址、汉魏洛阳故城遗址和隋唐洛阳城遗址，人称"五都荟洛"。

数千年来，数不清的历史事件、风流人物、艺术瑰宝，在这片土地上不断涌现，并最终演变为中华民族记忆的一部分。

白马寺始建于东汉永平十一年（68年），是佛教传入中国后兴建的第一座官办寺院。

丽景门是金明洛阳城的西大门，始建于金兴定元年（1217年），后屡经重建，素有"不到丽景门，枉来洛阳城"之说。

"若问古今兴废事，请君只看洛阳城。"这是司马光在《过故洛阳城》中写下的诗句。毫不夸张地说，洛阳的兴衰就是中国古代王朝兴衰的缩影。

虽然早在夏商时期，洛阳就成为一国之都，但定都洛阳真正有清晰的历史记载，还是在西周时。西周建立后，周武王的弟弟周公旦奉命在今天的洛阳地区营造了新的城市，就是成周洛邑。

公元前771年，西周灭亡，西周都城镐京被摧毁，周平王迁都洛邑，是为东周。

东汉之后，下一个在洛阳建都的是三国时期的魏。220年，曹丕称帝，定都洛阳。不过，曹魏政权只存在了40多年。

265年，司马炎篡魏，建立西晋，仍然以洛阳为都城。西晋的国祚同样很短，只有50多年。291年，"八王之乱"爆发，数十万人逃出洛阳，洛阳又一次陷入低谷。

● 夏商周时期 ········· 秦汉时期 ········· 魏晋时期 ·············

东汉时期的洛阳，城市建筑宏伟壮观，不仅是全国最大、最繁华的商业都市，也是对外贸易的中心，还是全国的文化中心。

周朝灭亡后，从秦朝一直到西汉，政治中心一直在关中地区的咸阳、长安。直到25年，刘秀建立东汉，定都洛阳，洛阳才又一次成为一国都城。

东汉末年，天下大乱。董卓胁迫汉献帝迁都长安，并将洛阳的数百万人迁往长安，随后又命人在城中放起大火，"悉烧宫庙官府居家，二百里内无复子遗"。

直到200多年后的493年，北魏孝文帝决定将国都从平城（今山西大同）迁往洛阳，洛阳再次成为北方地区的政治、经济中心。

北魏时期的洛阳城有多繁华？北魏杨衒之在他的《洛阳伽蓝记》中这样描述："门巷修整，阊阖填列。青槐荫陌，绿柳垂庭。天下难得之货，咸悉在焉。"

581年，历经近400年的分裂之后，隋文帝杨坚统一全国，定都长安。604年，隋炀帝即位，重新营建洛阳，并于第二年迁都洛阳。与他一起前来的还有全国数十万商贾及手工业者。

同时，为了加强洛阳与全国各地的交通往来，隋炀帝开凿了举世闻名的大运河，数不尽的粮食、丝绸通过大运河运抵洛阳。此时的洛阳，规模已经大大超过原来的周代王城和汉魏故都。

•••••南北朝时期••••• 　　　　　隋朝•••••••••••• 　　　　唐至五代时期•••• ▶

690年，武则天称帝，改国号为周，定都洛阳，号称神都，并"徙关外雍、同、秦等七州户数十万，以实洛阳"，洛阳城的规模空前扩大。

武则天去世后，洛阳的光芒也黯淡了，皇宫、明堂、天堂、天枢等建筑都被毁掉。"安史之乱"更是对洛阳造成了毁灭性的破坏，当时的洛阳"宫室焚烧，十不存一"。虽然后来的后梁、后唐和后晋，也都将都城定在洛阳，但洛阳已经不复旧日的繁华。

白居易，祖籍太原，出生于河南新郑，一生辗转于宿州、江州、杭州、苏州……但洛阳始终是白居易不能忘怀的"故乡"，其中原因可能要从他的祖辈说起。

白居易的曾祖父白温和祖父白锽都曾经在洛阳做官，白居易的父亲白季庚就出生于洛阳。后来，虽然也辗转各地，但他们的亲友或长居、或暂住洛阳，白居易也因此对洛阳产生了深厚的感情。

哪怕是在"人间天堂"苏杭担任刺史时，他依然思念着"故乡"，写下"忽忆东都宅，春来事宛然"的名句。

到了晚年，白居易越发想念洛阳，甚至写下《求分司东都·寄牛相公十韵》，请求好友牛僧孺帮他，看能否让他在洛阳任职。

824年秋，白居易卸任杭州刺史，即将返回洛阳。船行水上，他不禁脱口吟诵道："行行弄云水，步步近乡国。"一到洛阳，白居易立即购置了田园宅邸，打算在此终老，并且兴冲冲地写下《池上篇》，以"十亩之宅，五亩之园。有水一池，有竹千竿"等诗句表达对新家的喜爱。

忽忽心如梦，星星鬓似丝。

纵贫长有酒，虽老未抛诗。

俭薄身都惯，疏顽性颇宜。

饭粗餐亦饱，被暖起常迟。

万里归何得，三年伴是谁。

华亭鹤不去，天竺石相随。

王尹贳将马，田家卖与池。

开门闲坐日，绕水独行时。

懒慢交游许，衰羸相府知。

官寮幸无事，可惜不分司。

——白居易《求分司东都·寄牛相公十韵》

不过，还没等他安稳下来，一纸调令又将他派到了苏州担任刺史。一年后，白居易又到都城长安担任官职。

直到829年，白居易才终于回到心心念念的洛阳。在此后的17年间，白居易一直居住在洛阳。他时常呼朋唤友，畅游于洛阳及周边的山水名胜之间，留下了近千首关于洛阳的诗作。他还效仿江南园林的结构和风格修缮自己在履道里（洛阳里巷名，白居易当年的宅院就位于此）的宅院，使之成为东都名园。

846年，白居易在洛阳去世。临终前留下遗言"不归下邽，葬于香山（今天的龙门东山）"。

家人依照白居易的遗言，将他葬于东山琵琶峰。后人为了纪念白居易，对他的墓地加以修缮扩建，形成了今天的"白园"。

白居易的墓冢所在地"白园"，与香山寺毗邻。在洛阳时，白居易遍游名山古刹，唯独对香山寺情有独钟，并于832年用为好友元稹书写墓志铭所得酬金重新修筑香山寺。从那以后，白居易经常白衣鸠杖，往来于此，自号"香山居士"。

白居易晚年居于洛阳的十几年，并不只是游山玩水，还继续践行着自己"兼济天下"的志向。

832年，白居易捐资重新修筑香山寺。

洛都四野，山水之胜，龙门首焉。龙门十寺，观游之胜，香山首焉。香山之坏久矣，楼亭骞崩，佛僧暴露。士君子惜之，予亦惜之；佛弟子耻之，予亦耻之。顷予为庶子宾客分司东都，时性好闲游，灵迹胜概靡不周览，每至兹寺，慨然有葺完之愿焉。迨今七八年，幸为山水主，是偿初心、复始愿之秋也。似有缘会，果成就之。

——白居易《修香山寺记》

844年，白居易出资请人开凿龙门八节滩，从而免去了行人每到此处都要下水拖船之苦。

七十三翁旦暮身，誓开险路作通津。

夜舟过此无倾覆，朝胫从今免苦辛。

——白居易《开龙门八节石滩诗二首·其二》

香山寺鼓楼

晚年的白居易大多数时间都是在洛阳的履道里私宅中度过的，闲来赋诗酿酒，悠然自得。

醉吟先生者，忘其姓字、乡里、官爵，忽忽不知吾为谁也。宦游三十载，将老，退居洛下。所居有池五六亩，竹数千竿，乔木数十株，台榭舟桥，具体而微，先生安焉。家虽贫，不至寒馁；年虽老，未及昏耄。性嗜酒，耽琴淫诗，凡酒徒、琴侣、诗客多与之游。

——白居易《醉吟先生传》

南阳

课本里的南阳

《出师表》　三国·诸葛亮

臣本布衣，躬耕于南阳，苟全性命于乱世，不求闻达于诸侯。先帝不以臣卑鄙，猥自枉屈，三顾臣于草庐之中，咨臣以当世之事，由是感激，遂许先帝以驱驰。后值倾覆，受任于败军之际，奉命于危难之间，尔来二十有一年矣。

——九年级下册

相关名家名篇

陈寿《三国志》　　　李白《南阳送客》

韩愈《过南阳》　　　刘禹锡《陋室铭》

罗贯中《三国演义》

上榜理由：南都帝乡　五圣故里

这里是楚汉文化的发祥地，是中国保存最完好的古代官衙建筑的所在地。这里是东汉光武帝刘秀的发迹之地，"云台二十八将"也有多人出自这里。这里更是"商圣"范蠡、"科圣"张衡、"智圣"诸葛亮、"医圣"张仲景及"谋圣"姜子牙的诞生地及居住地。

这里就是素有"南都帝乡，五圣故里"之称的河南南阳。

南阳位于河南省西南部，因地处伏牛山以南、汉水以北而得名。

从空中俯瞰，武当山、伏牛山和桐柏山分别从西南、北边和东南3个方向将南阳围成一个倒"U"形盆地，所以在古时候，南阳也被称为"宛"。

"臣本布衣，躬耕于南阳。"很多人都是因为这句话才知道南阳的。事实上，南阳的历史比诸葛亮所处的时代要早得多。

西周时期，周宣王的舅舅申伯被封于南阳地区，以谢邑（今南阳市卧龙区）为国都，建立申国。到了春秋时期，南边的楚国日渐强盛，不断向北扩张，灭掉申国，在谢邑的基础上，构筑了宛城。

公元前292年，秦国攻占宛城。20年后，秦昭王在此设立南阳郡。从此，"南阳"这个名字登上历史舞台，开始书写它的传奇故事。

"宛"有"四方高、中央下"之意，符合南阳的盆地地貌。

西汉末年，天下大乱，西汉皇族刘秀从南阳起兵，建立东汉，定都洛阳，以南阳作为陪都。南阳迎来了它的鼎盛时期，成为仅次于洛阳的政治、文化中心，"商遍天下，富冠海内"。

三国时期，南阳迎来了一位伟大的人物——诸葛亮。

唐宋以后，南阳地位有所下降，但依然是历代帝王分封功臣的首选之地。比如明太祖朱元璋就把他的儿子唐王朱柽封在了南阳。

如今的南阳，是历史文化名城，是"中国月季之乡"，也是河南省面积最大的城市。

关于"躬耕于南阳"中的南阳究竟是哪里，人们的观点并不一致。有人说，这里的南阳其实是湖北襄阳。《三国演义》里就明确写道："此间有一奇士，只在襄阳城外二十里隆中。"但也有人认为，南阳就是今天的南阳市。因为现在南阳市的诸葛草庐，就是蜀国故将黄权在诸葛亮十年躬耕的旧址卧龙岗上修葺而成的。

"绵三山而带群湖，枕伏牛而登江汉。"南阳自古以来就是四方交通要冲，2700多年的建城史创造了南阳璀璨的文化。

南阳汉文化

南阳是汉文化的重要发源地，在旧石器时代即有先民繁衍生息于此。南阳文化遗址繁多，名人辈出，既有《东京赋》《西京赋》《灵宪》《七辩》《伤寒杂病论》《金匮要略》等经典著作，又有张仲景碑、李孟初神祠碑等碑碣资料，还出土了大量汉代画像石（砖），这些都昭示了南阳汉文化的多元性与兼容性。

羽人驭三虎驾云车画像砖

南阳府衙

官署文化

"两座古衙门，半部官文化。"中国的地方衙门从秦朝开始到清朝末年，一共存在了2000多年。其中，南阳府衙（又称南阳府署）和内乡县衙是我国现存的保存最完好的府县两级衙门，也是中国官署文化的活化石。

淮源文化

南阳桐柏山的太白顶是千里淮河的发源地，历史上有很多帝王将相到淮渎庙"祭淮"。吴承恩创作《西游记》的灵感就来源于桐柏山的花果山、通天河、水帘洞等地。桐柏县是"中国盘古之乡"，淮源风景名胜区内随处可见盘古庙、盘古磨等遗迹。

淮源风景名胜区

玉文化

渎山大玉海

南阳独山盛产的独山玉是中国四大名玉之一，细腻柔润、光泽透明、色彩多样，是制作玉雕的上乘材料。享有"镇国玉器之首"之名的"渎山大玉海"，用的材料就是独山玉。

中医药文化

"医者仁心，医典传世"，这句话说的是"医圣"张仲景。他编著的《伤寒杂病论》是我国第一部临床治疗学巨著，被誉为"方书之祖"。南阳还是一座"天然药库"，《伤寒杂病论》所记载的药物大多生长在这里。

张仲景

水文化

横跨南阳市淅川县和湖北省丹江口市的丹江口水库是南水北调中线工程的主要水源地和源头，水从水库流出，经过河南，流入河北、天津和北京，从而缓解了这些地方的用水压力，真是"远水也能解近渴"。

丹江口水库

21

诸葛亮与南阳

尽管诸葛亮躬耕的南阳究竟在哪里，多年来一直争议不断，但在南阳市，确确实实有很多和诸葛亮相关的遗迹。

诸葛草庐

南阳诸葛草庐，俗称诸葛庵，位于南阳市城西卧龙岗，相传由蜀国故将黄权修葺而成。晋朝以后，由于战乱，诸葛草庐被毁，直到唐朝才得以

重建，此后迅速成为文人墨客造访之地，他们在此留下了许多名篇佳句。

如今，诸葛草庐内还保存着宋元明清时的300多块碑刻。其中南宋绍兴八年（1138年）岳飞手书的《前出师表》，字迹苍劲，为历代书法爱好者所推崇。

博望坡遗址

博望坡遗址在南阳市方城县西南，是刘备火烧博望的古战场。那里现在还有一棵粗2.2米、高5.9米的柘树，虬枝盘旋，木质裸露，据说是火烧博望时的唯一"幸存者"。

汉桑城

汉桑城位于南阳市新野县城，是世界上最小而又最奇特的城。这座城只有两棵千年汉桑——"关植桑"和"关宿桑"。相传诸葛亮担任丞相时，纪律严明、公正无私。有一天关羽专心阅读兵书，忘了拴在房主门前桑树下的马，那马啃坏了桑树。诸葛亮知道这件事后，罚关羽另外种一棵桑树，作为对房主的赔偿。如此，才留下两棵汉桑树交相掩映的奇景。

当然，作为千年古城，南阳还有很多属于自己的名胜古迹。

荆紫关镇

荆紫关镇位于南阳市淅川县西北部，地处豫、鄂、陕三省接合部，素有"一脚踏三省""鸡鸣三省荆紫关"之称。

南阳府衙

南阳府衙，又称南阳知府衙门或南阳府署，始建于南宋咸淳七年（1271年），700多年来，总共有199人在这里当过知府，"父母官"这个词就出自南阳府衙。

南阳府衙现存明清建筑100余间，整个建筑群布局严谨、规模宏大、气势雄伟，是秦始皇设置郡县制以来，保存下来的唯一一个完整的府级实物标本。

内乡县衙

内乡县衙，始建于元朝大德八年（1304年），明清时期均有重建，它是以北京故宫为蓝本，吸收长江南北的建筑风格设计而成的一座封建官衙，也是中国唯一一座保存最完整的封建时期的县级官署衙门，有"天下第一衙"之称。

在我国古代，圣人一般指的是德行最高、智慧超群的人。除了我们熟悉的"至圣先师"孔子以及"亚圣"孟子，其实古代的各个领域都有"圣人"存在。

"南阳五圣"之一的"智圣"就是诸葛亮，下面我们再讲讲其余的"四圣"。

"谋圣"姜子牙

姜子牙，姓姜，名尚，辅佐周武王姬昌成就霸业，被封为齐国君主，也被尊称为"谋圣"。

"科圣"张衡

张衡，东汉时期发明家，创造了世界上第一架测定地震及方位的仪器"候风地动仪"，发明了世界上第一台用水力推动的观察星象的大型天文仪器"浑天仪"，因而被尊称为"科圣"。

"商圣"范蠡

范蠡，春秋末期南阳淅川人，出身贫贱，但博学多才，帮助越王勾践成就霸业。他在功成名就之后急流勇退，三次经商成为巨富，又三次散尽家财救济贫民，被尊称为"商圣"。

"医圣"张仲景

张仲景，东汉末年医学家，其传世巨著《伤寒杂病论》确立的"辨证论治"原则，是中医临床的基本原则。张仲景也因此被后人尊称为"医圣"。

你还知道哪些领域的"圣人"？

眉山

课本里的眉山

《铁杵成针》 宋·祝穆

磨针溪，在象耳山下。世传李太白读书山中，未成，弃去。过是溪，逢老媪方磨铁杵。问之，曰："欲作针。"太白感其意，还卒业。

——四年级下册

相关名家名篇

贾岛《送穆少府知眉州》

苏轼《寄黎眉州》《眉州远景楼记》

苏辙《送贾讷朝奉通判眉州》

陆游《眉州披风榭拜东坡先生遗像》

杨万里《送李君亮大著出守眉州》

上榜理由：千载诗书城

课文《铁杵成针》里的象耳山就位于四川省眉山市，因李白遇老媪磨杵成针的故事闻名天下。

眉州，是眉山的古称，它因为孕育了北宋文坛领袖苏轼（苏东坡），以及同样位列"唐宋八大家"的苏洵、苏辙而蜚声天下。南宋时期，大诗人陆游游览眉山东坡故里，挥笔写下"孕奇蓄秀当此地，郁然千载诗书城"的诗句。眉山，也因为这首诗拥有了"千载诗书城"的美誉。

人文第一州

眉山位于四川省成都平原的西南部边缘，境内山峦起伏，岷江和青衣江穿城而过，拥有肥沃的平原和丘陵，北边是"天府之国"的中心成都，南边是以乐山大佛闻名天下的乐山。

眉山的建城史，可以追溯到1500年前的南北朝时期。南朝齐、梁，先后在这里设置了州郡，眉山成为当时西南地区的文化、经济中心。

古人形容眉山，"坤维上腴，岷峨奥区"，意思是眉山是天地间最肥沃的土地，岷江与峨眉山之间最神奇的地方。

优越的地理条件，孕育了眉山厚重的历史文化，养育了无数的文化名流，除了我们熟悉的"三苏"，西晋文学家李密也是眉山文人的杰出代表，他的《陈情表》，被认为是中国文学史上抒情散文的代表作之一。李密的后世老乡苏轼就曾经说："读《陈情表》不下泪者，其人必不孝。"

除此之外，写下"山静似太古，日长如小年"的北宋文人唐庚，在采石战中大败金军、挽救南宋朝廷于危难的名臣虞允文，写下"人之为学有难易乎？学之，则难者亦易矣；不学，则易者亦难矣"的彭端淑……都出自眉山。而眉山也因为孕育了这些名人，才享有了"人文第一州"的美誉。

苏轼和他的父亲苏洵、弟弟苏辙，合称"三苏"，是北宋文坛的杰出代表。

书刊之城　进士之乡

　　四川是雕版印刷术的发祥地之一。

　　北宋末年，西南地区的印刷中心由成都南移到眉山，眉山成为和杭州、建阳并列的"三大雕版印刷中心"之一。

　　印刷术的兴盛与发展，激发了人们读书的热情。当时的眉山，衡量一个人的社会地位和文化品位不是看他有多少财富，而是看他有多少藏书。

　　苏轼在他的《眉州远景楼记》中就曾写道："独吾州之士，通经学古，以西汉文词为宗师。"一时之间，眉山好学之风盛行，文化名人、家族不断涌现，很多读书人"相继登于朝，以文章功业闻名天下"。据统计，光是两宋年间，眉山就出了将近900名进士，连宋仁宗都忍不住感叹"天下好学之士皆出眉山"。

　　眉山的人不仅酷爱读书，而且以藏书为乐。宋代全国最大的私人藏书楼孙氏书楼就位于眉山。

　　史书记载，孙氏书楼始建于唐开元年间，在五代前蜀时期被毁，宋代时加以重建，被誉为当时藏书最多、历史最悠久的私人藏书楼。

‖ 苏轼其人 ‖

兄弟情深

  苏轼比弟弟苏辙大3岁，两人性格大不相同，苏轼豪迈直爽，苏辙沉稳内敛，但这并不影响两人的感情。苏辙说起哥哥，"抚我则兄，诲我则师"；苏轼说起弟弟，"岂是吾兄弟，更是贤友生"。

  1079年，苏轼因为乌台诗案入狱，苏辙马上上书皇帝，表示愿意舍弃自己的官职换哥哥一命；苏轼被贬后，苏辙又负担起照顾哥哥一家老小的重任。苏轼对弟弟的感情，同样让人感动。他每到一个地方，都会给苏辙写信赠诗，我们熟悉的《水调歌头·明月几时有》就是苏轼写给苏辙的。

  当年，苏轼被捕入狱，身陷囹圄仍牵挂着弟弟。他写了一首诗给弟弟，希望弟弟能够听到他的心声："与君世世为兄弟，更结来生未了因。"

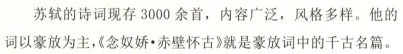

才华横溢

  说苏轼是全能的艺术巨匠一点儿也不为过，他不仅是豪放词派的开创者，北宋中期的文坛领袖，还善书、善画，十分厉害！

  苏轼的诗词现存3000余首，内容广泛，风格多样。他的词以豪放为主，《念奴娇·赤壁怀古》就是豪放词中的千古名篇。

  苏轼的散文不仅充满诗情画意，还富有哲理，所以苏轼也是中国文学史上杰出的散文大家。

  苏轼擅长行书、楷书，他的《寒食帖》更是被誉为"天下第三行书"。

  苏轼还擅长画竹子，被认为是北宋湖州竹派的代表人物之一。他首创了朱竹（红色的竹子）的画法，堪称一绝。

"美食达人"

"美食达人"是苏轼的另外一个标签。纵观他的一生，可以说是走到哪儿吃到哪儿，吃完了，还得写下来。所以有人说，苏轼一生都在致力于发现美食与烹调美食。

"蒌蒿满地芦芽短，正是河豚欲上时。"

"日啖荔枝三百颗，不辞长作岭南人。"

"长江绕郭知鱼美，好竹连山觉笋香。"

……

即使在因乌台诗案被贬到黄州，跌至人生最低谷时，苏轼仍在研究"吃"。北宋时期，那些达官贵人往往更喜欢吃牛羊肉，猪肉价格很便宜。而当时的苏轼正好兜里没什么银子，于是就琢磨起了猪肉的新吃法。

据说有一次苏轼在家与朋友下棋，忘了锅里还炖着肉，等到肉香四溢时才想起来。结果他尝了尝久炖的肉，直言太好吃了！为此，他还写了一篇《猪肉颂》。之后这道菜很快在民间流传开来，被称为"东坡肉"。

豁达乐观

著名的西湖苏堤大家一定非常熟悉，苏堤就是杭州百姓为纪念苏轼治理西湖的功绩而起的名字。苏轼在杭州任上时，杭州出现了旱情，为治理旱情，他带领百姓清理西湖的杂草和淤泥，利用挖出的淤泥构筑了一条大堤，在堤上种植芙蓉、杨柳，远远望去好像图画一样美丽。今天，苏堤已经成为贯穿西湖南北风景区的林荫大堤，也是著名的西湖十景之一。

后来苏轼被贬到黄州，生活清苦，就在城东边的山坡上开荒种地，并自号"东坡居士"。从此，"苏东坡"渐渐成了人们对他最熟悉的称谓。

任何棘手的人、事、物一旦遇到苏轼，仿佛都不成问题，对他来说，一切逆境皆"也无风雨也无晴"。

在眉山的街头走一走，你会发现就连街道的名字也别有意蕴。黄州路、定州路、徐州路、儋州路、杭州路……那些或宽或窄的街道里，都藏着诸多苏轼的故事。

远景楼

远景楼位于眉山东坡湖畔，因苏轼的《眉州远景楼记》而闻名于世。

宋神宗元丰元年（1078年），眉州知州黎希声主持修建远景楼，工程历时6年终于完成。修建好的远景楼高30米，是当时眉州城内最高的建筑。远景楼竣工之后，黎希声写信邀请苏轼为此楼作记。

黎希声为人刚正，和苏轼的父亲苏洵是好友。苏轼对黎希声的名声也早有耳闻，因此欣然接受邀请，写下名篇《眉州远景楼记》。

可惜的是，当时的远景楼早就在战火中被毁掉了。我们现在看到的远景楼是2004年重建的，主楼共13层，高80米；两侧是5层高的仿古裙楼。登楼远眺，可以尽情领略"登临览观之乐，山川风物之美"。

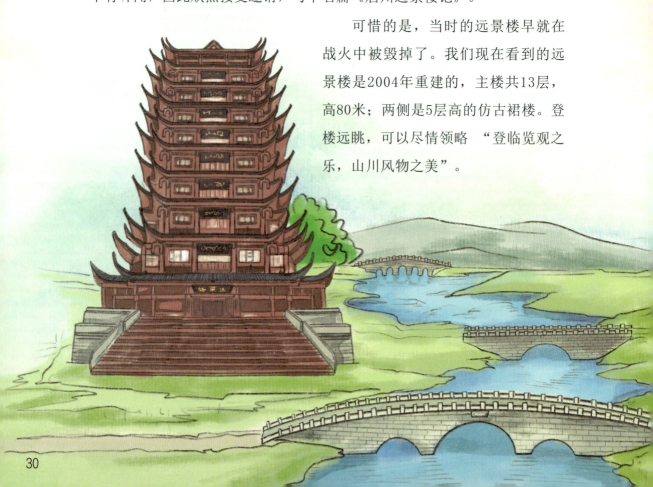

三苏祠

三苏祠位于眉山纱縠行南段，是"三苏"的故居。

苏轼曾经这样描绘自己的家园："家有五亩园，幺凤集桐花。"如今的三苏祠，是一座典型的川西园林建筑。祠堂三面环水，周围红墙环抱，绿水萦绕；堂馆亭榭，错落有致；翠竹千竿，古木扶疏。形成了"三分水，二分竹"的岛居特色。

前厅大门上，是清代文华殿大学士张鹏翮撰写的楹联："一门父子三词客，千古文章四大家。"

祠堂内，陈列着大量关于"三苏"的文献资料、各种印版和拓版的诗文字画，这些文物是研究"三苏"的珍贵资料。

纱縠行，指的是经营各类纱布的地方。历史上眉州桑蚕业十分发达，据记载，苏轼的母亲程夫人在纱縠行开了间布匹铺子，维系着苏家人的生活。

苏轼喜欢荔枝，三苏祠内曾经有一棵900多岁的荔枝树，据说是苏轼亲手所植。可惜的是20世纪90年代，这棵树因病枯死了。后来，三苏祠的工作人员将枯树的树桩挖出来，制成标本保存在了三苏祠内。

汴京 1057 年

（梦开始的地方）

竹外桃花三两枝，春江水暖鸭先知。

汴京

密州 1074 年

（仕途中短暂的落脚点）

会挽雕弓如满月，西北望，射天狼。

密州

常州 1101 年

（人生最后一站）

问汝平生功业，黄州惠州儋州。

黄州 1079 年

（重生之地）

大江东去，浪淘尽，
千古风流人物。

黄州

眉山

常州

湖州

湖州 1079 年

（落难之地）

苕岸霜花尽，
江湖雪阵平。

杭州

眉山 1037 年

（无可替代的故土）

瓦屋寒堆春后雪，
峨眉翠扫雨余天。

杭州 1071 年

（一个让他魂牵梦萦的地方）

欲把西湖比西子，
淡妆浓抹总相宜。

惠州

惠州 1094 年

（准备养老之地）

日啖荔枝三百颗，不辞长作岭南人。

儋州

儋州 1097 年

（天涯海角）

九死南荒吾不恨，兹游奇绝冠平生。

32

绍兴

课本里的绍兴

《绍兴的船啊绍兴的桥》 张彦

上了绍兴特有的乌篷船要脱鞋，再不许动，坐着可以，躺着也可以，就是不准晃动，这是规矩。不懂这规矩的孩子是不能坐小划船的。我们当然懂，不动就是。我们唯一的要求是稍稍撑起一只篷，让我们瞧一瞧一路上的山光水色。

——六年级上册

相关名家名篇

王籍《入若耶溪》

陆游《柳桥秋夕》

鲁迅《故乡》

叶文玲《水上的绍兴》

周作人《乌篷船》

上榜理由：秀色不可名，清辉满江城

"秀色不可名，清辉满江城。"这是"诗仙"李白在他的名篇《送王屋山人魏万还王屋》里写下的诗句。这里的江城，就是现在的绍兴。

一直以来，绍兴都是一座被语文课本格外青睐的城市。这座山水兼备、风光秀美的江南水城，乌篷摇曳、黄酒飘香。提起绍兴，你的脑海里会浮现出哪些场景？是百草园、三味书屋、闰土的小毡帽、孔乙己的茴香豆，还是搭在河岸灯火闪耀处的戏台？没错，这些都是鲁迅先生笔下的绍兴，也是很多人印象里的绍兴。

绍兴位于浙江省中北部，整座城市依山面海，北临杭州湾，南有会稽山，境内河道密布、湖泊众多。北宋名臣王安石登临越州（绍兴古称）城楼，留下了"越山长青水长白，越人长家山水国"的名句。而后人形容这座城市时，往往会说这里是"山得水而活，水得山而媚"。

绍兴就是这样一座因水而建、缘水而兴的城市。一条条河流贯穿整个城市，河道连着街道，绍兴就是这样被河水养育着，滋润着。因此，绍兴的风情，也大多与水相连。

绍兴城内河流众多，大大小小的河流加起来竟然有8000余条，真是名副其实的"水乡"。难怪人们形容绍兴是"漂在水上的古城"。

水多河多，自然少不了桥。"垂虹玉带门前事，万古名桥出越州。"据统计，绍兴城内古今各式桥梁超过1万座，而且很多都是具有上千年历史的古桥。在这里，木桥、石桥、浮桥、廊桥随处可见。绍兴见证了中国桥梁的发展和演化，堪称中国的"桥梁博物馆"。

绍兴的桥不仅数量多，桥型种类也很丰富。单孔石拱桥迎仙桥、三孔马蹄型拱桥泾口桥、石梁桥八字桥……一砖一石，都是绍兴历史文化的象征。

书法之乡

东晋永和九年（353年）三月初三，也就是传统的上巳节，在如今绍兴越城区的兰亭举行了一次光照千古的聚会。

王羲之做东，邀请众多名士来此聚会。大家临水而坐，上游一个人将盛满美酒的杯子放在盘中，使其顺流而下。酒杯漂到谁面前，谁就要作诗一首，如作诗不成，便罚酒一杯，这就是所谓"曲水流觞"。

随后，王羲之把各人的诗文编成集子并写了一篇序，这就是被誉为"天下第一行书"的《兰亭集序》。兰亭因此成为书法圣地，而绍兴则被誉为"书法之乡"。

据说，兰亭集会差不多把当时东晋所有的名士都聚齐了，其中包括"王谢家族"的王羲之、王徽之、王献之、王凝之、谢安、谢万、谢腾，以及孙绰、袁峤、华茂……共计42人。

绍兴，古称越州，又名会稽，是中国最古老的城市之一，早在9000多年前的新石器时代中期，这里就有人类生活的痕迹。4000多年前，大禹在这里会集诸侯，开启了绍兴古城光辉灿烂的历史。

相传，大禹治水成功以后，在茅山会集诸侯，计功行赏。其中最重要的一点就是统计各人的功劳，这一行动称为"会稽（会计）"。我们今天所说的"会计"一词最早就源于此。

大禹治水

● 上古时期 ·················· 春秋战国时期 ·················· 秦朝 ··············

春秋战国时期，越王勾践卧薪尝胆，开始他的复国大计。他命令大夫范蠡以会稽为中心建造城池，这就是绍兴古城，距今已经有2500多年的历史。

公元前490年，勾践将国都从诸暨迁往会稽，会稽正式成为越国都城。

会稽刻石

秦始皇统一六国后，南巡来到会稽，面对古越大地心生感慨，于是命令丞相李斯将自己的一些重大举措及历史功绩刻于石碑上，后人称之为"会稽刻石"。

越王勾践

东汉时期的会稽，因河道密集，无法疏通，时常有洪水暴发。

当时的会稽太守马臻，举全城百姓之力兴修了一个大湖，将山阴、会稽两个县30多条河流的水引入大湖，涝时蓄积洪水，旱时泄湖灌溉。有了这个大湖，周围上万顷良田得以旱涝保收，会稽也因此成为远近闻名的"鱼米之乡"。

宋高宗巡幸绍兴

南宋时期，宋高宗取"绍奕世之宏休，兴百年之丕绪"之意，改越州叫绍兴。这就是绍兴名称的由来。

▸▸▸▸▸ **东汉** ▸▸▸▸▸▸ **晋朝** ▸▸▸▸▸▸▸▸▸▸ **南宋** ▸▸▸▸▸▸▸▸ **近现代** ▸▸▸▸ ▶

西晋末年，衣冠南渡，山川秀丽、风调雨顺的会稽成为北方士族豪门安家落户的理想之地。很多文人名士迁入会稽，会稽逐渐成为东南地区的经济、文化中心。

到了近现代，大家对绍兴可能会更加熟悉。这可要归功于一批思想文化学者——蔡元培、鲁迅、朱自清就是绍兴学者的代表人物。

从百草园到三味书屋，再到故乡的社戏……鲁迅的很多文章都展现着绍兴的风貌。

东晋政治家谢安年轻的时候，就曾经隐居在会稽郡山阴县之东山，也就是今天绍兴市上虞区的东山。他经常与王羲之、支道林等名士游山玩水、饮酒作赋。

谢安

提起鲁迅，几乎每个人都知道，甚至许多人觉得自己很了解鲁迅。但是，要让你为鲁迅画一张像，你会怎么画呢？

"狂人"

鲁迅的《狂人日记》是中国第一部现代白话小说。鲁迅以笔为枪，针砭时弊，其力透纸背的狂放作品，就像一把把锋利的宝剑，刺向封建礼教，将新思想注入人们的心中。他在《自嘲》中写道："横眉冷对千夫指，俯首甘为孺子牛。"

"美食达人"

鲁迅在《华盖集续编》中写道："夜间，又将藏着的柿霜糖吃了一大半，因为我忽而又以为嘴角上生疮的时候究竟不很多，还不如现在趁新鲜吃一点。不料一吃，就又吃了一大半了。"

除了糖，鲁迅还爱吃螃蟹。只吃蟹，不尽兴，他还得来点绍兴黄酒。说到喝酒，鲁迅是当之无愧的行家！他笔下的人物也是爱喝酒的。穷困潦倒的孔乙己，吃不起饭也要省出九文钱，"温两碗酒，要一碟茴香豆"过过嘴瘾；弄个精神胜利法来"蒙混过日"的阿Q，也是靠酒壮胆才敢忽悠别人。

黄酒是世界三大古酒之一，只有中国才有。绍兴黄酒是黄酒的典型代表，主要品种有元红酒、加饭酒、善酿酒和香雪酒。

"设计师"

鲁迅是中国第一代书刊设计人，堪称中国现代书刊设计的先驱。他设计了《域外小说集》封面、《呐喊》封面。

1917年，蔡元培出任北大校长后，给鲁迅写了一封信："余想请先生为北京大学设计一枚校徽，也不必多复杂，只需将先生一向倡导的美育理念融会贯通即可。"

蔡元培收到鲁迅的设计稿时，不禁拍案叫绝。校徽上，"北大"两个篆体字上下排列，"北"字是背对背的两个侧立人影，"大"字是一个正面站立的人像，寓意为"以人为本"。这枚校徽，一直沿用至今。

"宠娃达人"

有一次郁达夫来家里做客，海婴却把鲁迅的书房翻得乱七八糟。换作其他人，早忍不住训斥孩子了。但鲁迅不但没生气，还笑着对好友说："海婴这小捣乱，他问我几时死，他的意思是我死了之后，这些书本都应该归他的。"然后他蹲下来收拾这堆"烂摊子"，将书堆叠整齐后再和郁达夫谈天。

鲁迅为了哄海婴睡觉，自编了一首儿歌："小红，小象，小红象。小象，小红，小象红。小象，小红，小红象。小红，小象，小红红。"（"小红象"是周海婴的小名）每一句都透露出鲁迅对儿子的宠爱。

小红，小象，小红象。小象，小红，小象红。

小象，小红，小红象。小红，小象，小红红。

绍兴因为鲁迅的作品而蜚声中外，鲁迅用《从百草园到三味书屋》《孔乙己》《阿Q正传》《故乡》《社戏》等作品向世界展示了绍兴的独特魅力。

周家老台门

周家老台门是目前绍兴保存最完好的清代台门建筑之一，正门上面是鲁迅祖父周福清的"翰林"匾。在周氏家族居于绍兴400年的历史中，属周福清的官位最显赫。鲁迅平时很少来祖居，只有在家里祭祖或操办大事时才过来。

周家新台门

鲁迅在周家新台门内度过了他的童年和少年时代，给人们留下了许多耐人寻味的故事。天井因为种着两株茂盛的金桂，故称桂花明堂。鲁迅小时候，夏天经常躺在桂树下的小板桌上乘凉，听他的继祖母蒋氏给他说谜语、讲故事。

鲁迅与"绍兴三乌"

"绍兴三乌"指的是乌篷船、乌毡帽、乌干菜。鲁迅在其小说《风波》里就曾写道："女人端出乌黑的蒸干菜和松花黄的米饭，热蓬蓬冒烟。"这里的蒸干菜就是绍兴乌干菜。

百草园

百草园是鲁迅家的后园，这里曾经是鲁迅童年时的乐园。他常来这里玩耍嬉戏，品尝紫红的桑葚和酸甜的覆盆子，在矮矮的泥墙根一带捉蟋蟀、拔何首乌，夏天在园内纳凉，冬日在雪地上捕鸟雀。

长庆寺

长庆寺建于唐永徽二年（651年），旧为绍兴八大寺之一，寺院的前殿供有一尊如来佛和十八罗汉，后殿是观音。鲁迅小时候，父母怕他难以养大，在他不满周岁时，就把他抱到长庆寺，寄名为住持和尚龙祖的弟子。

土谷祠

在绍兴城内塔子桥头，长庆寺斜对面，有一座土谷祠。土，指土地神；谷，指五谷神。庙堂规模不大，只有一间门面，里面供奉着土地公公和土地婆婆两尊泥像。在鲁迅的名作《阿Q正传》中，土谷祠就是主人公阿Q的栖身之所。

"城是一个景，景是一座城。"绍兴以"鱼米之乡"著称，更以"人杰地灵"而闻名。走进绍兴，你可以遇到很多"熟悉"的人，读到很多他们关于家乡的记忆。

离别家乡岁月多，近来人事半消磨。

惟有门前镜湖水，春风不改旧时波。

——贺知章《回乡偶书二首·其二》

镜湖位于绍兴市中心，堪称绍兴水乡、桥乡、名士之乡的一个缩影，不到10平方千米的湖区及周边，竟然有30多条河流、200多座桥梁。

城上斜阳画角哀，沈园非复旧池台。

伤心桥下春波绿，曾是惊鸿照影来。

——陆游《沈园二首·其一》

沈园是南宋时期一位沈姓富人的私家花园。绍兴二十五年（1155年），陆游在这里遇到了自己以前的妻子唐婉，写下了不朽名篇《钗头凤·红酥手》。不久，唐婉就去世了。多年后陆游重游沈园，写下了这首诗。

你还知道哪些关于绍兴的文学作品？讲给我们听听吧。

济南

课本里的济南

《趵突泉》老舍

在西门外的桥上，便看见一溪活水，清浅，鲜洁，由南向北流着。这就是由趵突泉流出来的。假如没有这泉，济南定会丢失一半的美。

——四年级上册

《济南的冬天》老舍

古老的济南，城内那么狭窄，城外又那么宽敞，山坡上卧着些小村庄，小村庄的房顶上卧着点雪，对，这是张小水墨画，也许是唐代的名手画的吧。

——七年级上册

相关名家名篇

老舍《济南的秋天》　　郁达夫《青岛、济南、北平、北戴河的巡游》

沈从文《济南印象》　　张恨水《大明湖》

臧克家《济南漫忆》　　唐鲁孙《济南的泉水和鱼》

上榜理由： 一城山色半城湖

济南地处华北平原的东南部，是山东省省会。说起济南的风物，排在第一的就是泉。济南的泉天下闻名，有名的就有72个，号称"济南七十二泉"。所以人们又称济南为"泉城"，形容它是"四面荷花三面柳，一城山色半城湖"。

人们提起济南，经常说它有"三绝"——山、湖、泉。其中，山，就是千佛山；湖，就是大明湖；泉，指的则是趵突泉。

千佛山

千佛山，古称历山。传说，舜帝就是在这里耕田的，所以千佛山又叫舜山、舜耕山。

那么，千佛山这个名称又是怎么来的呢？这要从隋朝说起。当时，佛教盛行，几乎到处都在开凿洞窟，修建佛像。人们依着山壁岩石镌刻了大大小小数千尊佛像，千佛山因此得名。

有佛就有寺庙。位于千佛山半山腰的兴国寺，始建于隋朝开皇年间，是千佛山的主体建筑，唐朝改名为"兴国禅寺"。千佛山上的石佛雕刻大多集中在兴国寺后面的千佛崖上。

慢慢爬上山去，越过庙宇，攀上岩石嶙峋的峰头，然后掉回头来，陡然望见盆一样的大明湖，躺在万家烟火的济南城里，带似的黄河，绕在苍茫无际的天野。

——艾芜《游千佛山》

大明湖

站在千佛山向北方眺望，可以看到一片碧色的水波，那就是大明湖。虽然名为"大明湖"，但大明湖其实并不大，水面面积仅有西湖的1/10。但这并不妨碍它成为和西湖齐名的北方名湖。

大明湖是由珍珠泉、孝感泉、芙蓉泉等20多个泉的水汇集而成的，水色澄碧透亮，岸上垂柳成荫，湖中荷花似锦，其间点缀着各色亭台楼阁。这里自古以来就是文人墨客争相游览歌颂的胜地。

长白山前绣江水，展放荷花三十里。看山水底山更佳，一堆苍烟收不起。

——元好问《泛舟大明湖》

趵突泉

济南别称"泉城"，号称"家家泉水，随手自地上掀起一块石板，泉水便源源涌出"。济南名泉有72个，其中最有名的还是趵突泉。老舍赞誉趵突泉，称"假如没有这泉，济南定会丢失一半的美"。

据说，乾隆皇帝南巡时，曾用趵突泉的水泡茶喝，因泉水味醇甘美，故封趵突泉为"天下第一泉"。在趵突泉附近，散布着金线泉、漱玉泉、洗钵泉、柳絮泉、杜康泉、白龙泉等30多个名泉，构成了趵突泉泉群。

商朝末期，帝乙、帝辛攻伐东夷时的卜辞中曾经出现过"洀"字。据考证，"洀"代表的就是趵突泉。

济南历史悠久，新石器时代的龙山文化，因最早发现于济南市章丘区龙山镇的城子崖而得名。我们熟悉的"舜耕历山"的故事，据说也发生在济南。

相传上古舜帝为民时，曾躬耕于历山之下，日出而作，日落而息。一日，舜在田间垦荒，忽见一头大象从对面山上一步步走来，一直走到舜垦荒的地方，它用鼻子卷起巨大而尖利的石块，开始一下一下用力地刨地。之后大象天天来帮舜刨地，久而久之，舜与大象建立了感情，就开始训练大象耕地，如此成为一段美谈。

商周时期，少昊氏的后裔在城子崖建立了谭国。

秦始皇统一六国后，建立郡县制。济南属济北郡管辖，仍称为历下邑。

● **商周时期**·············**春秋战国**·············**秦朝**·········

春秋时期，济南属于齐国，称为泺邑，是齐国西南重镇。到了战国时期，泺邑又改名为"历下邑"。

西汉初年，历下邑改名为"济南郡"，因处于"济水"之南而得名。这也是"济南"第一次出现在历史中。

公元前164年，汉文帝将济南郡改称为济南国。我们熟悉的曹操就曾经担任过济南国相，他的儿子曹植也曾被封为济南王。

宋元时期，济南这座城市进一步发展。宋朝时，齐州升为"济南府"，元朝时又改称"济南路"。这座千年古城，迎来了经济文化的繁盛时期。

两宋时期，因为诞生了李清照和辛弃疾两位词坛大家，济南成为当时有名的"文学之国"。宋金时期号称"北方文雄"的元好问，甚至留下了"羡煞济南山水好，几时真作卷中人"的名句来赞颂济南。

汉朝 .... 隋朝 .... 宋元时期 ......▶

隋朝初年废郡建州，济南郡改称"齐州"。

如今的济南，北连京津冀，南通长江三角洲，是山东省的政治、经济、文化、交通和科技中心，也是华东地区重要的交通枢纽。

老舍（原名舒庆春）出生于北京一个市民家庭。据说，因为他出生的那一天是立春，所以父母为他取名"庆春"，希望他的未来像春天一样充满无限生机和希望。可是，在老舍幼年时，他的父亲就去世了，全家人只能靠着母亲为人家洗衣裳、做针线活维持生计。

因为家庭贫苦，老舍9岁的时候才在别人的资助下进入私塾学习。

1921年，老舍以舍予为笔名，在《海外新声》发表了自己的第一篇作品——白话小说《她的失败》，开启了自己的文学创作生涯。

在40多年的创作生涯中，老舍触及了文学创作的各个领域，如小说、散文、戏剧、儿童文学，留下了1000多篇（部）作品。他的作品，或幽默风趣，或具有调侃意味……耐人寻味。

关于老舍的为人，从他40岁时所写的一篇自传中可以窥见一斑。

舒庆春，字舍予，现年四十岁，面黄无须，生于北平。三岁失怙，可谓无父；志学之年，帝王不存，可谓无君，无父无君，特别孝爱老母……幼读三百篇，不求甚解。继学师范，遂奠教书匠之基。及壮，糊口四方，教书为业……二十七岁时发愤著书，科学、哲学无所懂，故写小说，博大家一笑……闲时喜养花，不得其法，每每有叶无花，也不忍弃。书无所不读，全无收获，并不着急。教书做事，均甚认真，往往吃亏，也不后悔。如此而已，再活四十年也许能有点出息！不过，已不可能。

——老舍《四十自拟小传》

老舍作品类型	代表作品
小说	《骆驼祥子》《四世同堂》《二马》《月牙儿》《我这一辈子》《正红旗下》《猫城记》
剧本	《茶馆》《龙须沟》《春华秋实》《西望长安》
散文	《我的母亲》《北京的春节》《猫》《趵突泉》

　　《茶馆》是老舍于 1956 年创作的话剧，通过记叙茶馆老板王利发对祖传"裕泰茶馆"的惨淡经营，描写他虽然精明圆滑、呕心沥血，但仍挡不住衰败结局的故事。话剧展示了戊戌变法、军阀混战和中华人民共和国成立前夕半个多世纪的社会风云变化，话剧中出场的人物共 70 多个，除茶馆老板之外，有吃皇粮的旗人、办实业的资本家、清宫里的太监、穷困潦倒的农民，以及特务、打手、警察、流氓、相士等，人物众多但个个性格鲜明，堪称中国当代戏剧创作的经典作品。

　　《骆驼祥子》是老舍所著的长篇小说，讲述了 20 世纪 20 年代军阀混战时期的北平城里，一个年轻好强、充满活力的人力车夫祥子"三起三落"的人生经历。青年农民祥子由乡下来到城市，他对美好生活充满了憧憬，同时也有自己的理想——买上一辆属于自己的洋车。经过努力，祥子攒钱买到了他梦寐以求的车。可是造化弄人，他的车被乱兵抢走；再次攒足的钱又被孙侦探敲诈一空；后来他被迫与虎妞结婚，虎妞难产而亡，祥子为置办丧事又卖掉了车。他所喜爱的小福子的自杀，使他心中最后一丝希望也消失了，由上进好强沉沦为自甘堕落。

20世纪30年代，老舍曾经两度执教于齐鲁大学，在这里，他留下了无数故事和记忆——《济南的秋天》《济南的冬天》《大明湖》《牛天赐传》《猫城记》……提起济南，老舍说"时短情长，济南就成了我的第二故乡"。

如今，走在济南，我们依然可以看到很多老舍留下的痕迹。

老舍故居

1930年，老舍应齐鲁大学校长兼文理学院院长林济青的聘请，第一次来到济南，担任齐鲁大学国学研究所文学主任，兼任文学院国学系文学教授。当时，老舍就住在齐鲁大学的办公楼。第二年，老舍结婚后，便在南新街租了一所房子：往北不远，是趵突泉；往南走10分钟，是齐鲁大学。

房子不大，总共3间。东边一间半，加了隔断作为卧室，西边一间半，是老舍会客和写作的地方。西北墙外还有半间小暗间，用来堆放杂物。前头有个小院子，院子里有一眼水井。每天早晚，老舍都会从水井里打水浇灌院子里的花花草草。

如今，这所房子变成了老舍故居，收藏着600多幅各界名人题写的与老舍有关的作品，还有各种版本的老舍著作，以及老舍当年用过的物品和各种图片资料等。

在南新街这所房子里，老舍夫妇住了3年，他们的大女儿舒济就在这里出生。

老舍纪念馆

　　大明湖景区南门往东不远处，垂柳与竹林中掩映着一座老宅院，这就是原来的学院街12号院，也就是现在的老舍纪念馆。

　　这是一座老式的四合院，坐北朝南，既古朴又低调。老舍纪念馆是以老舍笔下的"大明湖"为基础建造的。门口的"老舍纪念馆"牌匾由老舍的儿子舒乙题写。走进纪念馆，黑色大理石底座上的老舍雕像，沉静地望着每一个进出的人。门内的白色墙壁上，还雕刻着老舍的名作《济南的秋天》。不大的展览室里，陈列着老舍在济南活动的历史资料、老照片、手迹、文学作品，向人们展示着老舍与济南的不解之缘。

济南名士多

745年，杜甫到临邑看望弟弟杜颖，途经济南，恰逢好友北海太守李邕也在此地，于是二人相约游览历下亭。欣喜之余，杜甫挥笔写下了"海右此亭古，济南名士多"的诗句。下面我们就来盘点一下"济南名士"。

姓名	简介
秦琼	唐初名将，齐州历城人
房玄龄	唐初名相，山东临淄（今济南章丘）人
曾巩	"唐宋八大家"之一，曾任齐州知州，修筑大明湖
苏辙	"唐宋八大家"之一，曾任齐州掌书记
辛弃疾	南宋文学家，豪放派词人，济南历城人
张养浩	元朝政治家、文学家，济南历城人
李攀龙	明朝文学家，济南历城人

凤凰

课本里的凤凰

《腊八粥》 沈从文

住方家大院的八儿，今天喜得快要发疯了。他一个人进进出出灶房，看到一大锅粥正在叹气，碗盏都已预备整齐，摆到灶边好久了，但妈妈总是说时候还早。

他妈妈正拿起一把锅铲在粥里搅和。锅里的粥也像是益发浓稠了。

"妈，妈，要到什么时候才……"

"要到夜里！"其实他妈妈所说的夜里，并不是上灯以后。但八儿听了这种松劲的话，眼睛可急红了。锅中的粥，有声无力的叹气还在继续。

"那我饿了！"八儿要哭的样子。

"饿了，也得到太阳落下时才准吃。"

——六年级下册

相关名家名篇

沈从文《凤凰古城之美》《湘西》《湘行散记》

上榜理由：中国最美小城

在湖南省湘西土家族苗族自治州西南部，有这样一座小城：石头砌成的圆城，熙熙攘攘的苗寨，"细脚伶仃"的吊脚楼，古朴的石板街……它就是文学家沈从文的故乡——凤凰。

这个曾被新西兰著名诗人路易·艾黎深情地称为"中国最美小城"的地方，因为沈从文，因为他无数怀念家乡的作品，从众多湘西小城中脱颖而出，成为无数人心驰神往的"桃花源"。

凤凰地处湖南省西部，依山傍水，沱江穿城而过，气候温暖湿润。而这些，都和它的地形关系密切。

凤凰的地形非常复杂。东部以低山、丘陵为主，一般海拔在500米以下，气候比较温暖。从东北到西南，地势逐渐升高，海拔为500至800米，地势平缓开阔，有很多天坑溶洞，景色十分奇特。到了西北部，地势更高，大多数地方的海拔都超过800米，峰峦连绵、谷深坡陡，气候也变得寒冷起来。

小城虽然不大，但生活着苗族、土家族等多个少数民族，是典型的少数民族聚居区。

凤凰是传说中的神鸟，据说这个地方因西南有一座山特别像展翅欲飞的凤凰，所以得名"凤凰"。

我们现在看到的凤凰古城，建造于明朝嘉靖年间，已经有400多年的历史了。如今，走在凤凰古城，还能看到很多明清时期的民居，以及各种寺庙、祠堂和楼台馆阁，这里是我国西南地区古建筑最多的地方。

不过，虽然"年龄"不小，但凤凰古城却真是"小"，小到城内只有一条像样的东西走向的大街——又窄又长的回龙阁古街。古城以古街为中轴线，连接起无数的石板小路，沟通全城。石板小路的两旁有许多商铺，行人来来往往，形成了热闹的集市。

如今，在凤凰古城中，还留存着很多历史遗迹。据统计，现在的凤凰古城，有古建筑68处，古遗址116处，明清特色民居建筑120多栋，还有明清时期的石板古街道100多条。

正是因为凤凰古城有如此多的古建筑，人们将凤凰古城和山西的平遥古城相对比，称之为"北平遥、南凤凰"。

凤凰属于湘西地区，它的文化也不可避免地带有湘西文化的特点。

独特的建筑文化——吊脚楼

吊脚楼是湘西少数民族的传统民居，也是湘西建筑文化最典型的代表。

湘西很多地区森林茂密，古木参天，经常有豺狼虎豹出没，再加上"天无三日晴，地无三里平"，为了更好地生活，当地人就建造了这种一边靠着实地，另外三面悬空，仅靠几根木头支撑的"空中楼阁"——吊脚楼。这样的建筑方式，既避免了地面潮湿对房屋造成的损坏，又能预防毒蛇猛兽的侵袭。

独特的祭祀文化

傩堂戏，又叫"傩戏"，是湘西地区一种古老的祭神跳鬼、驱瘟避疫的舞蹈。

接戏的人家先在堂屋里扎起色彩斑斓的傩堂，演出的时候，表演者们再根据自己的角色戴上不同的面具。除了祭祀之外，表演傩戏还唱正戏，有时候台上演唱、台下帮和，人们情绪高涨，场面热闹非凡。

"傩戏"的表演者，在古时候称为巫觋、祭师，被视为沟通神鬼与普通人的"通灵"者。

独特的服饰文化

服饰是一个民族的皮肤和旗帜，它装扮着民族，也彰显着民族精神和文化内涵。

湘西地区的土家族、苗族服饰源远流长，独具特色。最大的特点就是色彩绚丽、图案斑斓，富有奇特的想象力。可以毫不夸张地说，每一件服饰，都有一段传说、一个故事。从自然万物到神话传说，无一不被构架到服饰图案当中。

苗族百褶裙上有很多彩色线条，这是苗族祖先跨越河流、翻山越岭的象征。

除了上面提到的这些，土家织锦、剪纸（踏虎凿花）、苗家扎染、蜡染等非物质文化遗产都源远流长、代代传承，尽情展示着湘西多姿多彩的文化。

人们知道凤凰，了解凤凰，大多是从沈从文开始的。1902年，沈从文出生在凤凰的一个多民族家庭。他的爷爷是汉族，奶奶是苗族，妈妈是土家族。但是他本人更喜爱苗族，他的文学作品中有许多对湘西苗族风情的描述。

才华横溢沈从文

沈从文很小的时候，就跟着妈妈学习。上学的时候，他觉得自己已将课堂上的知识都学会了，就经常到家乡的山水间玩耍。之后经过老师的教导，他开始发奋学习。遗憾的是因为家境困难，他不能继续求学。后来，沈从文进入了军队，军队的生活让他变得坚韧，也让他慢慢拥有了一颗悲悯的心。后来根据军队里的经历，他写了《卒伍》《船上岸上》等小说。

文学大师沈从文

1922年，沈从文来到了北京，在饥寒交迫的情况下，他仍坚持到图书馆看书、自学。后来，他一边奔走在北京的各所大学之间，旁听文学、历

史、艺术课程，一边疯狂地读书、写作、投稿。

凭着刻苦和坚韧，仅有小学文凭的沈从文愣是在北京闯出了名堂。1924年，他的作品陆续在各大报刊上发表。1930年他到青岛大学教书，之后，他的创作愈显成熟，一共出版了20多个作品集，有《石子船》《虎雏》《月下小景》《八骏图》等经典之作。

从沈从文的作品中不难发现，湘西的风土人情深深影响着他，小时候在山水间看到的、听到的一切都成了他的写作素材和灵感。32岁时，他达到了创作巅峰，发表了著名小说《边城》。这部作品由于美学造诣很高，在中国近代文学史上具有独特的地位。此外，他还发表了散文集《湘行散记》。1937年，他返回湘西，又写了散文集《湘西》。

《边城》是沈从文最为人所熟知的作品之一，在其从诞生到现在近90年的时间里，先后被译成多种语言，受到了全世界许多读者的喜爱。

历史文物研究者沈从文

1957年，沈从文离开了钟爱的文学领域，来到中国历史博物馆工作。他以勤勉和诚恳的态度，专心研究历史文物，在博物馆一待就是20多年。这期间，他接触了大量的文物，写出了《唐宋铜镜》《龙凤艺术》《中国丝绸图案》等作品。

1981年，沈从文的《中国古代服饰研究》出版了，这部著作从开始创作到出版，耗费了他大量的心血。它填补了中国服饰文化史上的一页空白，也奠定了沈从文作为历史文物研究者的地位。

你知道吗？1987年播出的电视剧《红楼梦》，其服饰顾问就是沈从文。

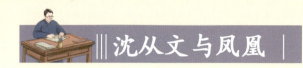

凤凰的山水养育了沈从文，沈从文又通过自己的笔，让世人认识了凤凰。如今，走进凤凰古城，不仅可以看到很多沈从文的痕迹，还可以更深刻地了解他笔下古老而多彩的湘西文化。

沈从文故居

循着青石铺成的古老街道，在一条小小的、僻静的巷子深处，在一处不起眼的转角后，就会看到一座四合院，这就是沈从文故居。故居是沈从文的爷爷于1866年兴建的，已经有150多年的历史。沈从文在14岁之前一直生活在这里。

如今，这座古老的四合院是沈从文生平事迹的展览室。陈列室里一行行文字，记录了他成长的过程；一张张珍贵的图片，承载着他走过的艰难历程。藤编靠椅、檀木方桌、陈旧的摇篮、纺车、架子床，都是沈先生用过的实物。著作室里那一本本著作闪耀着知识的光辉，吸引着络绎不绝的游人来参观。

文昌阁小学

1915年，13岁的沈从文转入城外的一所小学——文昌阁小学。

多年后，他在《我上许多课仍然不放下那一本大书》里是这样形容自己的学校的："新学校临近高山，校屋前后各处是大树，同学又多，当然十分有趣。""几个人一下课，就在校后山边各自拣选一株合抱大梧桐树，看谁先爬到顶。我从这方面便认识约三十种树木的名称。因为爬树有时跌下或扭伤了脚，刺破了手，就跟同学去采药，又认识了十来种草药。"

成年后，沈从文两次回到家乡，都曾重返校园，坐进一间教室里，像一个小学生一样，重温少年时的旧梦。

沈从文墓地

1988年，沈从文去世，他的骨灰，一半撒入沱江水中，一半埋入泥土。他的墓地建在一块小草坪上，没有华丽的装饰，只矗立着一块不规则的天然五色巨石。墓碑正面临摹沈从文手迹，背面刻有挽联："不折不从，星斗其文；亦慈亦让，赤子其人。"这四句话最后一个字连起来是"从文让人"，也是他一生的写照。

据说从沱江边到沈从文墓地一共有86级台阶，喻示他活了86岁。如果有机会去凤凰，建议你去数一数台阶哟。

沈从文笔下的凤凰

沈从文的一生，与凤凰紧紧相连。下面我们就一起走进他的文字世界，欣赏一下他笔下的凤凰。

沈从文笔下的凤凰

　　一道小河从高山绝涧中流出，汇集了万山细流，沿了两岸有杉树林的河沟奔驶而过，农民各就河边编缚竹子作成水车，引河中流水，灌溉高处的山田。河水常年清澈，其中多鳜鱼、鲫鱼、鲤鱼，大的比人脚板还大。

——《我所生长的地方》

　　凤凰古城是苗族聚居地。每逢苗家喜庆的日子，都能听到高亢激越、浑厚悠远的鼓声。在吊脚楼外的绿茵上，在哗哗的溪流旁，成群的苗族青年男女，围在一堆堆篝火旁，挥动着鼓槌，在一面面牛皮大鼓上敲击。高潮时，伴有木叶、唢呐的吹奏声和苗歌声，与鼓声交汇融合，像一首原始古朴的交响曲，将人带入一个神奇的音乐天地。

——《凤凰古城之美》

　　这地方本名镇筸城，后改凤凰厅，入民国后，才升级改名凤凰县。满清时辰沅永靖兵备道，镇筸镇总兵均驻节此地。

——《凤凰》

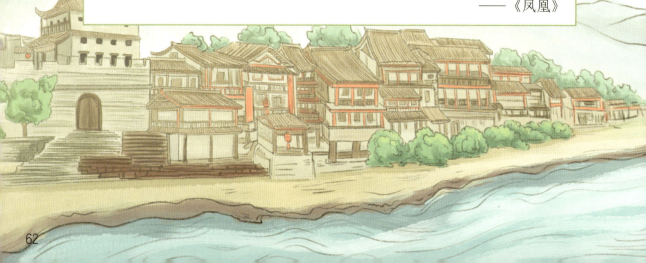

高邮

课本里的高邮

《端午的鸭蛋》 汪曾祺

我的家乡是水乡。出鸭。高邮麻鸭是著名的鸭种。鸭多，鸭蛋也多。高邮人也善于腌鸭蛋。高邮咸鸭蛋于是出了名。我在苏南、浙江，每逢有人问起我的籍贯，回答之后，对方就会肃然起敬："哦！你们那里出咸鸭蛋！"上海的卖腌腊的店铺里也卖咸鸭蛋，必用纸条特别标明："高邮咸蛋"。

——八年级下册

相关名家名篇

杨万里《高邮野望二首》

苏辙《高邮别秦观三首》

文天祥《挽高邮守晏桂山》

汪曾祺《我的家乡》《故乡的灯节》

上榜理由：东方邮都

邮，乃国之血脉。在古代，像中国这样地域广大的国家，不论是传递信息、下达政令，还是飞报军情、运送物资等，都需要依靠成熟的邮驿网络来完成。随着通信技术的发达，古老的邮驿早已湮没在历史的长河之中。但在中华大地上，仍有一个地方，因被悉心恢复着、保护着的邮驿遗迹，因著名作家汪曾祺先生而光辉不减。

这个地方，就是素有"东方邮都"之称的江苏高邮。

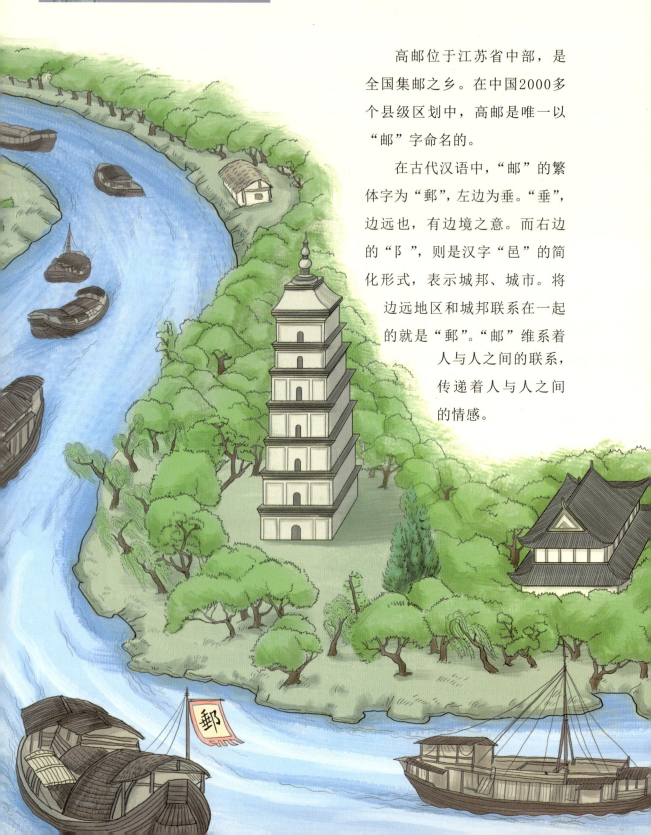

高邮位于江苏省中部，是全国集邮之乡。在中国2000多个县级区划中，高邮是唯一以"邮"字命名的。

在古代汉语中，"邮"的繁体字为"郵"，左边为垂。"垂"，边远也，有边境之意。而右边的"阝"，则是汉字"邑"的简化形式，表示城邦、城市。将边远地区和城邦联系在一起的就是"郵"。"邮"维系着人与人之间的联系，传递着人与人之间的情感。

早在六七千年前就有先民在高邮繁衍生息，龙虬庄遗址就表明约7000年前，此地便已有人类的璀璨文明。

秦始皇统一六国后，专门在此修筑高台，称为"邮亭"，也就是驿站，高邮因此而得名。

隋唐时期，由于地处大运河沿线，地理位置优越，高邮成为南北邮驿、漕运的必经之地，迎来了它的繁华鼎盛时期。而经济的繁荣，当然也带来了文化的兴盛。就像汪曾祺所说："我们家乡还出过秦少游，出过研究训诂学的王氏父子，还有一位写散曲的王西楼。文风不可谓不盛。"

两宋以后，随着漕运由盛转衰，高邮也渐渐沉寂，不复昔日辉煌。但是，高邮这个名字一直没变，沿袭至今，成为这座城市的天然印记。

"东南淮海唯扬州，国士无双秦少游。"秦少游，即秦观，北宋词人，号称"一代词宗"。

王念孙、王引之父子，著名学者，精通经学，是训诂学领域的集大成者。

王西楼，明代散曲大家，有"南曲之冠"的美誉。他的《朝天子·咏喇叭》《野菜谱》《王西楼乐府》等作品至今仍被人津津乐道。

汪曾祺，20世纪20年代出生于江苏高邮的一个书香门第。从小受到文化熏陶的他，不仅是一位作家、散文家，更是一个玩家、美食家，是一个好玩儿的老头儿。

汪曾祺文学馆

家世绵长

1920年3月5日，汪曾祺出生在高邮一个旧式地主家庭。祖父汪嘉勋有文化，也善于经营，家中有3000余亩田产，经营着2家药店、1家布店。他对汪曾祺极为宠爱，亲自教授他古文和书法。

父亲汪菊生是个多才多艺的人，琴棋书画样样精通。职业是眼科医生，为人随和且富有同情心，给人看病经常不收钱，对汪曾祺的影响很大。

人生回眸

汪曾祺在高邮的家有一个大花园，那里有树，有花，还有各种虫子，于是爬树、摘花、捉虫子成了汪曾祺儿时每天的"功课"。

长大后，他成为一位大作家。他用儿童般明亮而敏锐的眼睛观察世界，用儿童般简单而准确的语言记录生活，这让他的文章具有一种天真的美。

童年汪曾祺

1939年，汪曾祺到昆明准备考大学。可刚到昆明，汪曾祺就生了一场大病，还没痊愈，他就晃晃悠悠进了考场。考完后，他一点儿把握也没有。放榜时，他不禁狂喜，因为他以第一志愿进入西南联合大学中文系，成为沈从文的学生。

大学毕业后，汪曾祺先是在昆明的中学教书，后来又到上海的中学教书，接着北上南下，最终定居北京。

如今，汪曾祺先生已经远去，但他的文字却永远留了下来。他笔下那丰富多彩的文学世界，让我们感受到高邮这一方水土的文化财富。

青年汪曾祺

汪曾祺作品类型	代表作品
小说	《大淖记事》《鸡鸭名家》《异秉》《羊舍一夕》《老鲁》《受戒》
散文	《葡萄月令》《捉虫小记》《昆明的雨》《胡同文化》《国子监》

汪曾祺部分作品

汪曾祺与高邮

汪曾祺19岁以前都是在高邮度过的。后来，他离开了高邮，到外地求学工作。许多年过去，高邮始终是他魂牵梦萦的故乡。在他的笔下，高邮一次次出现，他带我们重新认识了这座南方小城。

高邮风景美

小陈三是个卖绒花的货郎。他父亲活着的时候就是个货郎，卖绒花。父亲死了，子承父业，他十六七岁就挑起货郎担卖绒花。城里人叫他小货郎，也叫他小陈。有些人叫他小陈三，则不知是什么道理。他是个独儿子，并无兄弟。也许因为他人缘好，长得聪明清秀，这么叫着亲切。他家住泰山庙。每天从家里出来，沿科甲巷，越塘，进东门，经王家亭子，过奎楼，奔南市口，在焦家巷、百岁巷、熙和巷等几条大巷子都停一停。

——《百蝶图》

高邮奎楼

奎楼又称魁星阁，魁星是中国民间信仰中主宰文章兴衰的神，魁星高照，寓意多出人才。

文游台是我们县首屈一指的名胜古迹。

············

文游台的出名，是因为这是苏东坡、秦少游、王定国、孙莘老聚会的地方，他们在楼上饮酒、赋诗、倾谈、笑傲。实际上文游诸贤之中，最感动高邮人心的是秦少游。苏东坡只是在高邮停留一个很短的时期。王定国不是高邮人。孙莘老不知道为什么给人一个很古板的印象，使人不大喜欢。文游台实际上是秦少游的台。

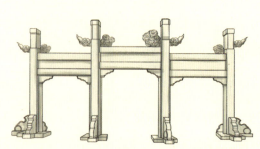

文游台

——《文游台》

高邮美食多

茶干是连万顺特制的一种豆腐干。豆腐出净渣，装在一个一个小蒲包里，包口扎紧，入锅，码好，投料，加上好抽油，上面用石头压实，文火煨煮。要煮很长时间。煮得了，再一块一块从麻包里倒出来。

这种茶干是圆形的，周围较厚，中心较薄，周身有蒲包压出来的细纹，每一块当中还带着三个字"连万顺"。在扎包时每一包里都放进一个小小的长方形的木牌，木牌上刻着字，木牌压在豆腐干上，字就出来了。

茶干、咸鸭蛋、蒲包肉

这种茶干外皮是深紫黑色的，掰开了，里面是浅褐色的，很结实，嚼起来很有咬劲，越嚼越香，是佐茶的妙品，所以叫做"茶干"。

——《茶干》

高邮咸蛋的特点是质细而油多。蛋白柔嫩，不似别处的发干、发粉，入口如嚼石灰。油多尤为别处所不及。平常食用，一般都是敲破"空头"用筷子挖着吃。筷子头一扎下去，吱——红油就冒出来了。

——《端午的鸭蛋》

王二的熏烧摊每天要卖出很多回卤豆腐干，除了豆腐干之外，主要是牛肉、蒲包肉和猪头肉。在高邮，每一个熏烧摊子里都有蒲包肉，蒲包肉可是高邮熏烧摊子上的镇摊之宝。

——《异秉》

我的旅行笔记

1. 写一封信件。给现代版的"桃花源"高邮湖写一封信。

2. 做一道食物。可尝试做高邮阳春面或一道自己家乡的美食。

3. 找一枚鸭蛋。游高邮湖，在芦苇荡中找一枚鸭蛋。

4. 创一张邮票。设计创作一枚属于自己的"邮票"。

5. 唱一首民歌。学唱课本里的高邮民歌《数鸭蛋》，歌词如下。

　　一只鸭子一张嘴呀，两只那个眼睛两条腿。走起路来两边摆呀，摆到那个池塘水当中。呱、呱，咿咋咋来，呱、呱，咿咋咋来，呱来呱去不成双啦，咿咋咋来，咿咋咋来。小小鸭蛋两头光呀，什么人收来上炕坊？孵上一个黄鸭子呐，大鹰叼在去头上。呱、呱，咿咋咋来，呱、呱，咿咋咋来，呱来呱去不成双啦，咿咋咋来，咿咋咋来。

——五年级下册

呼兰

课本里的呼兰

《祖父的园子》　萧红

我家有一个大花园，这花园里蜜蜂、蝴蝶、蜻蜓、蚂蚱，样样都有。蝴蝶有白蝴蝶、黄蝴蝶。这种蝴蝶小，不太好看。好看的是大红蝴蝶，满身带着金粉。蜻蜓是金的，蚂蚱是绿的。蜜蜂则嗡嗡地飞着，满身绒毛，落到一朵花上，胖乎乎，圆滚滚，就像一个小毛球似的不动了。

——五年级下册

相关名家名篇

萧红《呼兰河传》《小城三月》《后花园》《牛车上》

上榜理由：因河得名　因书闻名

在我国黑龙江省南部，有一条呼兰河静静流淌。它发源于小兴安岭西南麓，一路蜿蜒，先向西南，与来自北边的通肯河交汇后，改向南流，在哈尔滨东北方注入松花江。呼兰地处松花江北岸，呼兰河下游，素有"江省邹鲁"之美誉。

呼兰因呼兰河得名，却因为一个人和一本书而天下闻名。这个人就是萧红，这本书就是《呼兰河传》。

呼兰，一说是从女真语"胡拉温"的读音转译过来的，一说是满语，意为"烟囱"。清朝的时候，曾经在这条河边屯兵设防，建了很多炊事取暖用的烟囱，呼兰河与呼兰城的名字由此而来。

人们形容呼兰城的环境，常说"一江四水"。一江，指的是松花江；四水，除呼兰河之外，还有泥河、少陵河、漂河。丰沛的水系加上广阔的平原，非常适宜人类生存繁衍。所以早在新石器时代，就有人类在呼兰地区生活。

金朝时，呼兰迎来了自己的辉煌时代。因为呼兰距离都城上京不远，更多的人开始在这里生活，慢慢地形成了胡拉温屯，也就是呼兰的前身。如今，我们在这里还可以看到大堡古城、石人古城遗址、团山子七级浮屠宝塔等金朝的历史遗迹。

清朝时，东北地区成了"龙兴之地"，呼兰也在其中。雍正年间，朝廷在这里建立起呼兰城。由于大量人口聚集于此，农业迅速发展，呼兰成为闻名东北的"满洲粮仓"。

龙兴之地，指的是每个朝代的起源、发迹或者肇基（始创基业）之地。

20世纪初，中东铁路开通，城市中心慢慢转向了现在的哈尔滨地区，再加上水患、鼠疫流行，一半人口外迁，呼兰慢慢走向衰落，变成了一个不起眼儿的小城。

位于今天的呼兰区石人镇古城村的石人古城遗址，是一个典型的金代古城遗址，因出土过两个石人而得名。

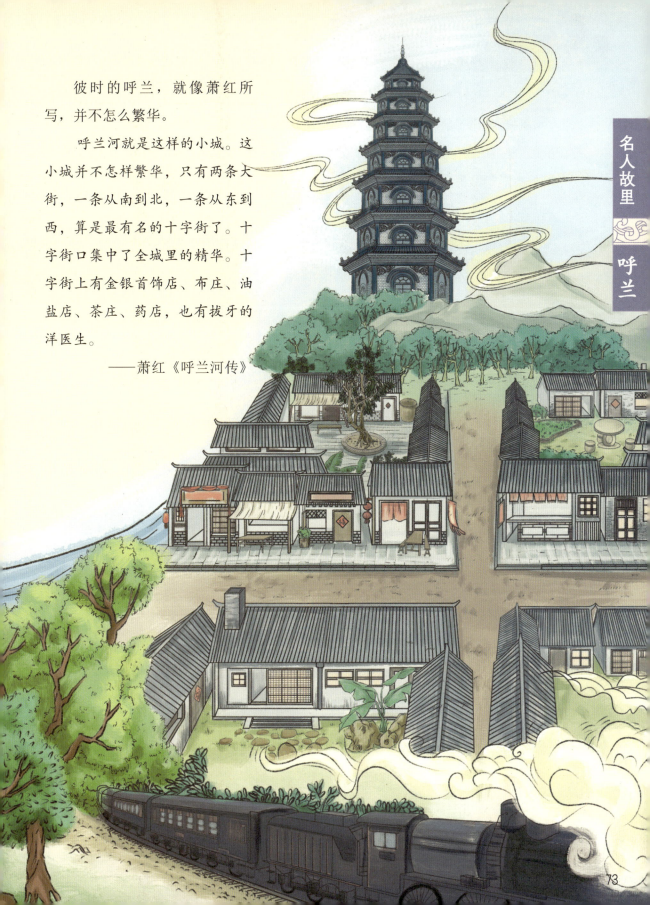

彼时的呼兰，就像萧红所写，并不怎么繁华。

呼兰河就是这样的小城。这小城并不怎样繁华，只有两条大街，一条从南到北，一条从东到西，算是最有名的十字街了。十字街口集中了全城里的精华。十字街上有金银首饰店、布庄、油盐店、茶庄、药店，也有拔牙的洋医生。

——萧红《呼兰河传》

名人故里　呼兰

根据《呼兰县志》的记载，清朝时，呼兰是黑龙江地区最早开发的城市之一，曾经驻扎过大量旗兵，并设置了专门的水师营，负责运送粮食。当年，那些豪爽勇武的士兵或许不会想到，多年后，呼兰会因为一部《呼兰河传》闻名于世。

1911年，呼兰城张家大院内，一个女婴呱呱坠地，她就是萧红。从此，这座小城便与这位奇女子紧紧地联系在了一起。

童年萧红

20世纪20年代，呼兰的有识之士创办了第一所初高级小学堂，设立了黑龙江第一所女子学校，随后又设立呼兰师范传习所、高等工业实习学堂，呼兰的教育得到了发展。当时的萧红正值上学年龄，家里早早地就把萧红送进学堂读书。在学堂，萧红如鱼得水，最喜欢文学和绘画。

才女萧红

1933年，萧红以"悄吟"为笔名，发表了自己的第一篇小说《弃儿》，从此踏上了文学创作的征程。

萧红的作品，语言率真而自然，蕴含着一种稚拙浑朴的美，与曹植《洛神赋》中的洛神"翩若惊鸿，婉若游龙"十分吻合，她也因此被称为"文学洛神"。

"战士"萧红

抗日战争期间，面对外敌的入侵，萧红以各种方式为中华民族解放而斗争。她曾在抗日团体"星星剧团"担任演员，投身抗战文艺活动，并创作了多篇抗日主题的作品，如《天空的点缀》《失眠之夜》《在东京》等散文。

伊人远去

在生命的最后时刻，萧红完成了《呼兰河传》，这是她人生中最重要的一部作品，被茅盾先生评价为"一篇叙事诗，一幅多彩的风土画，一串凄婉的歌谣"。1942年1月22日，萧红病逝于香港，年仅31岁。

在萧红的生命中，有一个人对她的影响非常大，此人就是鲁迅先生。

1934年，萧红创作出日后影响深远的作品《生死场》，却苦于没办法出版。有朋友告诉萧红，可以写信到内山书店向鲁迅先生求助。当时，鲁迅先生已经是蜚声文坛的大文豪，萧红只是个籍籍无名的后辈。萧红抱着忐忑的心情给鲁迅先生写了信，并附上了《生死场》的手稿。

不久，鲁迅先生就回信了。他在信中说，自己是在孤灯下读完这本书的，一直为萧红笔下"北方人民对生的坚强，对死的挣扎"所感动。在鲁迅先生的邀请下，萧红来到上海。鲁迅先生亲自为《生死场》撰写了序。就是在这部作品中，萧红第一次使用了"萧红"这个笔名。

很多人知道呼兰，都是因为萧红。如今在这座小城里，处处可见萧红留下的痕迹。

萧红故居

呼兰城龙王庙路南的张家大院，始建于1908年，那是萧红出生的地方，也是她童年生活、少年学习的地方。如今，作为萧红故居，这里已经被开辟为纪念馆，里面陈设着萧红生前的照片以及她的祖父母用过的东西。在故居的东院，我们可以找到萧红幼年时曾去寻宝的储物室——后道闸；在西院，还可以看到《呼兰河传》里提到的冯歪嘴子磨面的磨盘。故居里最吸引人的还是后园，《祖父的园子》描写的就是这里。现在，每到春天，园子里的芍药、樱花依旧会绽放。

萧红纪念馆

萧红纪念馆位于萧红故居西侧，这是另外一个帮助人们深入了解萧红的重要场所。馆内有4个展区，里面展出了萧红各个时期的大量照片，以及她曾经使用过的200多件物品。除此之外，馆内还保存着萧红与鲁迅先生的通信原稿、萧红洗衣用过的小棒槌及装东西的铁箱子等。驻足于此，可以真切地感受萧红的一生。

萧红墓与萧红纪念碑

萧红在香港病逝后，骨灰被分为两部分，分别埋葬于香港浅水湾和圣士提反女校。1957年，浅水湾的那部分骨灰被迁移安葬在广州银河公墓。所以，呼兰的萧红墓中，埋葬的仅仅是萧红的一缕头发，这里也因此被称为青丝冢。

萧红纪念碑位于墓地南侧，高2.4米，宽3.4米，厚0.7米，是由一块北方产的大青石雕成。纪念碑正面镶嵌着黄铜镀金"萧红纪念碑"5个大字和铜铸浮雕萧红头像，头像下端镶嵌着镀铜浮雕花环。

萧红墓与萧红纪念碑都位于西岗公园内。《呼兰县志》记载："西岗公园因其地也。"意思是说西岗公园因其位于城区十字街西面高岗处得名。

这里古迹集中，有四望亭、昭忠祠、英灵塔、神社等。被评定为"亚洲存活时间最长的人工栽培仙人掌"也位于西岗公园内。

萧红与祖父

呼兰河这座小城里面，以前住着我的祖父，现在埋着我的祖父。

我出生的时候，祖父已经六十多岁了，我长到四五岁，祖父就快七十了。我还没长到二十岁，祖父就七八十岁了。祖父一过了八十，就死了。

从前那后花园的主人，而今不见了。老主人死了，小主人逃荒去了。

——《呼兰河传》

　　萧红出生于一个封建家庭，她的父亲张廷举曾担任呼兰县教育局局长。在外人眼里，他待人和善；但在家里，他却是个典型的封建大家长，极度重男轻女，对萧红非常冷漠。

　　萧红9岁的时候，偶尔给自己一点儿关爱的母亲去世了。不久，父亲再娶，萧红在这个家里越发受尽冷眼。唯一给她关爱的，就是祖父。

　　萧红的祖父名叫张维祯，是个旧式文人，文学素养深厚，非常疼爱萧红。萧红五六岁时，祖父就教她念《三字经》《千家诗》，学习古诗文、"四书""五经"，为她开启了文学世界的大门。萧红对祖父也非常依恋，她在很多作品里都深情地描绘过祖父。可惜好景不长，萧红18岁时，祖父去世了。

　　从此，那个家再也没有值得她留恋的地方了。第二年，为了反对包办婚姻，萧红离开了那个令人窒息的家，至死也没有回去过。

黄冈

课本里的黄冈

《李时珍》张慧剑

明朝出了一位伟大的医学家和药物学家，叫李时珍。

李时珍家世代行医。他的父亲医术很高，给穷人看病常常不收诊费。

…………

后来，他成为了一位名医。几年之后，他回到老家，开始写书。他用了整整二十七年，终于编写成了一部新的药物书，就是著名的《本草纲目》。

——二年级下册

相关名家名篇

苏轼《初到黄州》《念奴娇·赤壁怀古》《赤壁赋》《后赤壁赋》

苏辙《黄州陪子瞻游武昌西山》　　王禹偁《黄州新建小竹楼记》

陆游《黄州》　　　　　　　　　　范成大《题黄州临皋亭》

上榜理由：药圣故里

在很长一段时间里，人们提起黄冈，首先想到的往往就是黄冈中学、黄冈教育。但很少有人知道，黄冈教育的闻名其实得益于它悠久的历史和深厚的文化底蕴。

黄冈历来就重教兴学，唐朝就设有官学，宋朝开辟书院，明清两朝的进士数更是排在全国前列。重教兴文的成果，就是黄冈历史上名人辈出。从活字印刷术的发明者毕昇，到"中国地质学之父"李四光，被誉为"民主战士"的诗人学者闻一多，都来自黄冈。

而在这其中，有一颗最耀眼的星星，就是"药圣"李时珍。黄冈，也因为李时珍，拥有了"药圣故里"的美誉。

黄冈，古称黄州，地处湖北省东部，鄂、豫、皖、赣四省交界处。

史书记载，早在夏商时期就有人在这里居住。至今，黄冈境内还保留着几百处夏商时期的遗址。秦朝末年，楚汉争霸，楚霸王项羽以秦衡山郡为基础，建立衡山国，国都为邾城（今黄冈禹王城）。

古老的吴、楚、汉文化在这里交汇融合，形成了黄冈独特的文化风貌。

首先就是古老的禅宗文化。佛教禅宗的四祖道信、五祖弘忍，都曾经在这里大开禅门，聚徒讲学。至今，始建于唐武德七年（624年），素有"禅宗第一寺院"之称的四祖正觉禅寺，依然屹立在黄冈市黄梅县城北的双峰山上。

842年春天，黄州迎来了大诗人杜牧。杜牧受到宰相李德裕的排挤，被外放黄州，出任黄州刺史。唐朝的黄州位置偏僻，十分荒凉。在任上的两年半时间里，杜牧尽职尽责，公然将摊派给百姓的租、庸、杂徭全部取消，为民抗旱求雨、填埋废井，还在黄州城北的孔子山南麓扩建孔庙，推行教化。我们熟悉的《赤壁》《遣怀》都是杜牧在黄州时写成的。

在杜牧被贬的200多年后，黄冈迎来了另一位大文豪——苏轼。1079年，因乌台诗案受到牵连的苏轼被贬为黄州团练副使。谪居黄州的4年多时间里，苏轼写出了《赤壁赋》《后赤壁赋》《念奴娇·赤壁怀古》等流传千古的诗文，开创了"文冠天下，翰墨飘香"的新风气。

在被贬黄州第三年的寒食节，苏轼作了两首五言诗，其中一首写道："自我来黄州，已过三寒食。年年欲惜春，春去不容惜。今年又苦雨，两月秋萧瑟。卧闻海棠花，泥污燕脂雪。暗中偷负去，夜半真有力。何殊病少年，病起头已白。"诗写得苍凉多情，表达了苏轼此时惆怅孤独的心情。而此诗的书法作品《寒食帖》也正是在这种境况下被创作出来的。作品通篇起伏跌宕，气势奔放，在书法史上影响很大，被称为"天下第三行书"。

苏轼抵达黄州后，好友马梦得看他生活贫困，便向黄州知州求得废弃军营地50亩，赠予苏轼。苏轼非常高兴。因为这块地位于城东，他便以"东坡"命名，自号"东坡居士"。苏东坡这个名字就是这样来的。

医学世家的多病儿

1518年，李时珍出生在蕲州（今黄冈蕲春县）瓦屑坝李言闻家。李时珍从出生起就体弱多病，父亲一年四季都在炉子旁为他煎药。也正是因为目睹了煎药的过程，李时珍小小年纪就对这些救了他性命的花花草草产生了浓厚的兴趣。

父亲给李时珍讲述药草性能

李时珍为病人诊治

屡试不中，弃文从医

虽说李时珍出身医学世家，然而不管是祖父还是父亲，都强烈反对李时珍学习医术、治病救人。这一切都源于在李时珍生活的年代，医者的地位非常低下，所以李时珍的父亲一心想让儿子考取功名。然而，经历了3次科举考试，李时珍都没有考中。恰逢此时家乡发洪水，李时珍便协助父亲诊治病人，正式开启了自己的行医生涯。

下定决心，重修《本草》

也许天生就是行医的材料，李时珍的名气越来越大，被举荐进太医院。太医院的工作让李时珍得以接触到更多的珍贵药典。这时他却发现，被当时的太医院奉为至宝的药书《本草》中有很多错漏。也就是在这个时候，他下定决心，要重新编写一部纲目分明、名称统一、分类合理的新《本草》。虽然在此之前，这项工作都是由官府组织完成的。

李时珍翻看药典

辛苦多年，终见曙光

在太医院只待了一年多，李时珍就辞官回乡，创立东壁堂，坐堂行医。关于李时珍辞官的原因，有人说是当时太医院的御医整天只知道 "钻研" 炼丹成仙之术，李时珍不愿意与他们为伍。

李时珍进山采药

回到家乡的李时珍一边行医，一边决定靠自己的力量来编写新书。27 年的时间里，他走了上万里路，听了无数人的意见，参阅各种书籍 800 多种，终于完成了这部被称为 "东方医学巨典" 的药物学巨著——《本草纲目》。

相信大家可能都见过这幅李时珍的画像，但你知道它是怎么被创作出来的吗？1952 年，著名画家蒋兆和应郭沫若委托，参考了明朝文学家、史学家王世贞为《本草纲目》所作的序言中对李时珍形貌的描写，"予窥其人，睟然貌也，癯然身也，津津然谭议也，真北斗以南一人"，完成了画像的绘制。蒋兆和创作的这幅画像几乎成了李时珍的标准肖像，此后无论发行纪念邮票，还是各地的塑像，大多以此为蓝本。

李时珍画像

李时珍的家乡蕲春，位于今天的黄冈市，因"以水隈多蕲菜"而得名。"蕲，香草，药草也。"以药草命名的地方，诞生了"药圣"李时珍，好像冥冥当中有一种牵连。

如今，行走在黄冈，仍然可以见到李时珍的印迹。

雄武门与医圣阁

雄武门

雄武门是蕲州古城的北门，始建于1263年，是蕲州现存最完整的古城建筑。在城门顶的平台上，建有纪念李时珍采药的"医圣阁"。

李时珍陵园

跨过威严雄壮的雄武门，再穿过风景秀丽的雨湖，远远地看见一片明清建筑，这就是李时珍陵园。

整座陵园由李时珍纪念馆、李时珍医史文献馆、李时珍墓和李时珍百草药园4个部分构成。

走进李时珍纪念馆，映入眼帘的就是巨大的本草碑廊。白色的墙壁上镶嵌着96块黑色大理石，上面刻着的是此前所说的那幅李时珍画像，明末

李时珍纪念馆

清初文学家顾景星撰写的《李时珍传》，明朝文坛泰斗王世贞的《本草纲目序》以及从《本草纲目》中选出的128种本草药图。在碑廊最后，还刻有李时珍次子李建元的《进〈本草纲目〉疏》和"蕲阳八景"古图。

穿过本草碑廊，就是李时珍医史文献馆。这是一个仿明朝建筑风格的建筑群，里面珍藏着中外10余种版本的《本草纲目》，同时还有大量古今中外介绍李时珍的医药书籍、文献资料和报纸杂志，能让我们充分了解李时珍光辉的一生。

李时珍墓则位于雨湖湖滨，和他的诞生地瓦屑坝隔湖相望，风景秀丽。墓地中，李时珍父子墓及墓碑依然保存完好，数百年来，一直接受着人们的瞻仰与怀念。

李时珍百草药园是我国第一家中医药自然博物馆，里面种植了各类药材，达310多个品种。

李时珍墓

医生姓名：扁鹊

所处年代：战国时期

所获尊称："医祖"

代表作品：《难经》

基本介绍：首创"望闻问切"的诊疗手段，精通内科、外科、妇科、儿科、五官科等，擅长应用砭刺、针灸、按摩、热熨等法治疗疾病。

医生姓名：华佗

所处年代：东汉末年

所获尊称："神医"

代表作品：《青囊书》（已失传）

基本介绍：擅长养生、方药、针灸和手术等治疗手段，精通内科、外科、妇科、儿科等，首创以全身麻醉法施行外科手术，被后世尊为"外科鼻祖"。

医生姓名：张仲景

所处年代：东汉末年

所获尊称："医圣"

代表作品：《伤寒杂病论》

基本介绍：首创"辨证论治"法，即根据病邪侵入肌体的程度以及病势缓急，辨证施治，确定病情。

医生姓名：李时珍

所处年代：明代

所获尊称："药圣"

代表作品：《本草纲目》

基本介绍：擅长药物研究，重视临床实践，编写《本草纲目》，对脉学及奇经八脉深有研究。